かんたん！ラクチン！

作りおきのお弁当おかず 315

おいしくて飽きない！ ラクラクお弁当生活！

食のスタジオ 編

西東社

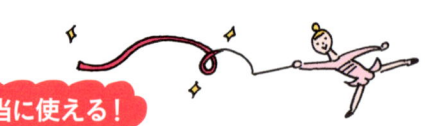

もくじ

この本ならお悩み解決!
ラクラク! お弁当生活 ……… 8

この本のレシピで作る!
1週間のお弁当例 ……… 12

見せたくなる!
お弁当のつめ方 ……… 14

この本の使い方 ……… 16

1 メインおかず
本当に使える!

鶏肉の照り焼き ……… 18
バリエ
- ぶりのしょうが照り焼き ……… 20
- 豚こまの中華照り焼き ……… 20
- えびのケチャップ照り焼き ……… 21
- 鶏肉のBBQ照り焼き ……… 21

鶏肉のから揚げ ……… 22
アレンジ
- チキン南蛮 ……… 23
- ヤンニョムチキン ……… 23
- 酢鶏 ……… 23
- 梅しそかつおから揚げ ……… 23

鶏ハム ……… 24
アレンジ
- 鶏ハムのピカタ ……… 26
- 鶏ハムのハニーマスタードベーグル ……… 26
- 鶏ハムの香草パン粉焼き ……… 27
- 鶏ハムのカオマンガイ ……… 27

鶏天 ……… 28
バリエ
- 豚れんこんの辛子天 ……… 29
- かじきのカレー天 ……… 29
- たらの磯辺揚げ ……… 29
- えびと三つ葉のかき揚げ ……… 29

ハンバーグ ……… 30
バリエ
- ロールキャベツ ……… 32
- ミートローフ ……… 32
- スコッチエッグ ……… 33
- 煮込みハンバーグ風 ……… 33

つくねのスープ煮 ……… 34
アレンジ
- お好みつくね ……… 36
- つくねの田楽 ……… 36
- つくねの和風ロコモコ ……… 37
- つくねのチーズのり巻き ……… 37

れんこんのそぼろ炒め ……… 38
バリエ
- カレーグリーンピースそぼろ ……… 39
- トマトイタリアンそぼろ ……… 39
- お好み焼き風そぼろ ……… 39
- 中華風高菜そぼろ ……… 39

ゆで豚 ... 40
- アレンジ ゆで豚の角煮風 ... 41
- アレンジ ゆで豚のバンバンジー風 ... 41
- アレンジ ゆで豚のトンテキ ... 41

豚肉のしょうが焼き ... 42
- バリエ 豚肉の梅しょうが焼き ... 43
- バリエ 鶏肉のみそしょうが焼き ... 43
- バリエ かつおのピリ辛しょうが焼き ... 43

豚こまともやしの炒め物 ... 44
- バリエ ちぎりキャベツの回鍋肉 ... 45
- バリエ 豚肉のケチャップ炒め ... 45
- バリエ 豚肉と長ねぎの焼き鳥風炒め ... 45

野菜の肉巻き ... 46
- バリエ じゃがマヨカレー肉巻き ... 48
- バリエ パプリカチーズ肉巻き ... 48
- バリエ えのきの梅しそ肉巻き ... 49
- バリエ 厚揚げの肉巻き ... 49

牛肉とごぼうのしぐれ煮 ... 50
- アレンジ 牛肉のいなり焼き ... 51
- アレンジ 牛肉の柳川風 ... 51
- アレンジ 速攻牛丼 ... 51
- アレンジ 牛肉の七味マヨ焼き ... 51

焼き肉 ... 52
- アレンジ クイックハッシュドビーフ ... 54
- アレンジ 焼き肉のサテソース ... 54
- アレンジ 焼き肉のサルサ仕立て ... 55
- アレンジ キンパ ... 55

鮭のオイル焼き ... 56
- アレンジ 鮭のちゃんちゃん焼き ... 58
- アレンジ 鮭の南蛮漬け ... 58
- アレンジ 鮭のコーン焼き ... 59
- アレンジ 鮭のレモンムニエル ... 59

かじきの漬け焼き ... 60
- バリエ 豚肉の青じそ漬け焼き ... 62
- バリエ 豚肉のピリ辛漬け焼き ... 62
- バリエ さわらのレモン漬け焼き ... 63
- バリエ 鮭のオニオン漬け焼き ... 63

えびフライ ... 64
- バリエ チキンカツ ... 66
- バリエ コロッケ風フライ ... 66
- バリエ えびカツ ... 67
- バリエ ハムカツ ... 67

お弁当便利コラム ★1 すきまうめ食材カタログ ... 68
お弁当便利コラム ★2 定番+αの調味料レシピ ... 70

2 イロドリ副菜
お弁当に色を添える！

卵・うずらの卵
卵焼き	72
かにかまとねぎの卵焼き〈バリエ〉	72
ツナカレー卵焼き〈バリエ〉	72
じゃことあおのりの卵焼き〈バリエ〉	72
アスパラのキッシュ	73
漬け卵	73
スペイン風オムレツ	74
タルタルサラダ	74
ピーマンのファルシ	75
うずらの卵とミニトマトのゆかり酢	75

にんじん
にんじんとレーズンのサラダ	76
にんじんとひじきの炒め煮	76
にんじんとコーンのきんぴら	77
にんじんとれんこんのすっぱ炒め	77
にんじんとスナップえんどうのグラッセ	78
にんじんのたらこ炒め	78
にんじんとくるみのサラダ	79
にんじんとごぼうの炒り鶏	79

ミニトマト
ミニトマトと切り干し大根のサラダ	80
ミニトマトのラタトゥイユ	80
ミニトマトとさやえんどうのおひたし	81
ミニトマトとえびのマリネ	81

なす
なすの辛子あえ	82
マーボーなす	82
焼きなすの香味漬け	83
なすとパプリカのみそ炒め	83

パプリカ
パプリカとちくわのきんぴら	84
パプリカとささみのカシューナッツ炒め	84
パプリカとかぼちゃの揚げびたし	85
パプリカとひよこ豆のマリネ	85

かに風味かまぼこ・肉加工品
かにかまのイタリアンサラダ	86
かに玉オムレツ	86
厚揚げのベーコン巻き	87
ブロッコリーのハムブーケ	87

かぼちゃ
かぼちゃのレモン煮	88
かぼちゃとチーズのサラダ	88
かぼちゃとれんこんのカレー風味	89
かぼちゃのコンビーフバター	89

さつまいも・コーン
さつまいもの塩バター煮	90
スティック大学いも	90
コーンのお焼き	91
コーンとはんぺんのマヨ焼き	91

キャベツ
キャベツとかにかまのコールスロー	92
紫キャベツのコールスロー〈バリエ〉	92
カレーコールスロー〈バリエ〉	92
和風コールスロー〈バリエ〉	92
キャベツの塩昆布あえ	93
ソーセージ入りザワークラウト	93
キャベツとちくわのわさびマヨあえ	94
キャベツとさつま揚げの煮びたし	94
キャベツの博多漬け	95
キャベツとかにかまのレモンあえ	95

ほうれん草・小松菜
ほうれん草とコーンのコンソメバター炒め	96
ほうれん草の梅あえ	96
小松菜と桜えびの炒め物	97
小松菜の辛子あえ	97

グリーンアスパラガス
アスパラの昆布漬け	98
アスパラとソーセージの粒マスタード炒め	98
アスパラとえびの塩炒め	99
アスパラとセロリの梅おかかあえ	99

3 しみじみ副菜
地味でもおいしい！

ブロッコリー
- ブロッコリーの塩昆布あえ … 100
- ブロッコリーののりドレあえ … 100
- ブロッコリーのくるみあえ … 101
- ブロッコリーとえびのデリ風サラダ … 101

ピーマン・オクラ
- ピーマンのシュウマイ … 102
- ピーマンといかのラー油あえ … 102
- オクラちくわ … 103
- オクラのだしびたし … 103

ズッキーニ・ゴーヤ
- ズッキーニと桜えびのジョン … 104
- ズッキーニとにんじんの甘辛炒め … 104
- ゴーヤとツナのオムレツピカタ … 105
- ゴーヤのおかかあえ … 105

スナップえんどう・そら豆
- スナップえんどうとささみのごまサラダ … 106
- スナップえんどうとにんじんのきんぴら … 106
- そら豆の香味しょうゆ … 107
- そら豆と玉ねぎのマリネ … 107

さやいんげん・セロリ
- さやいんげんと春雨の中華煮 … 108
- さやいんげんのごまあえ … 108
- セロリとえびのナンプラー炒め … 109
- セロリの浅漬け … 109

お弁当便利コラム 3 カラフルピクルス … 110

じゃがいも
- ポテトサラダ … 112
- バリエ
  - レモンポテトサラダ … 112
  - 明太ポテトサラダ … 112
  - デリ風ポテトサラダ … 112
- じゃがいもといんげんのツナあえ … 113
- チーズ粉ふきいも … 113
- じゃがいもとハムのガレット … 114
- じゃがバタうま煮 … 114
- じゃがいもとセロリのせん切りマリネ … 115
- じゃがいものカレー煮 … 115

玉ねぎ
- 玉ねぎのゆずこしょう焼き … 116
- 玉ねぎのカレーマリネ … 116
- 玉ねぎとじゃこの炒め物 … 117
- 玉ねぎの豚巻きカツ … 117

もやし
- もやしとピーマンのレンジ蒸し … 118
- もやしのナムル … 118
- もやしとベーコンのチヂミ … 119
- 豆もやしのヤムウンセン … 119

白菜
- 八宝菜風炒め物 … 120
- 白菜とわかめのあえ物 … 120
- ラーパーツァイ … 121
- 白菜のコールスロー … 121

大根
- 大根の千枚漬け風 … 122
- コンソメ大根 … 122
- 大根とたくあんのあえ物 … 123
- 大根のしょうが焼き … 123

ごぼう
きんぴらごぼう……………………………124
バリエ のり塩きんぴら………………………124
　　　 韓国風きんぴら……………………124
　　　 バルサミコきんぴら………………124
ごぼうと豚肉のさっと煮……………………125
ごぼうのペペロンチーノ……………………125

れんこん
根菜のトマト煮………………………………126
たたきれんこんの甘辛炒め…………………126
れんこんと枝豆の明太マヨ…………………127
ジャーマンれんこん…………………………127

長ねぎ・たけのこ
ねぎとわかめのしょうが炒め………………128
焼きねぎのマリネ……………………………128
自家製メンマ…………………………………129
たけのこの和風ジェノベーゼ………………129

きのこ
えのきのカレー風味…………………………130
きのこのアヒージョ…………………………130
きのこといんげんのオイスターソース炒め……131
しいたけのパセリバター焼き………………131

こんにゃく・しらたき
手綱こんにゃくの煮物………………………132
こんにゃくの豚肉巻き………………………132
しらたきのたらこ煮…………………………133
しらたきのチャプチェ………………………133

ひじき・切り干し大根
ひじきと玉ねぎの甘酢サラダ………………134
野菜入りひじき煮……………………………134
切り干しナポリタン…………………………135
じゃこ入り切り干し大根……………………135

昆布・わかめ
昆布とパプリカのめんつゆ漬け……………136
昆布とさつまいもの煮物……………………136
わかめとちくわのごま酢あえ………………137
わかめともやしの中華炒め…………………137

大豆・豆加工品
ひとくち洋風がんも…………………………138
豆腐としししとうの照り焼き………………138
高野豆腐のコンソメ煮………………………139
高野豆腐のフレンチトースト………………139
大豆とズッキーニのトマト煮………………140
しょうがじょうゆ豆…………………………140
ひたし豆………………………………………141
ミックスビーンズといんげんのサラダ……141

お弁当便利コラム **4** 作りおきデザート……………142
お弁当便利コラム **5** 市販品ストックカタログ……144

4 10分弁当

これひとつでOK！

ガッツリ！ 肉弁当
ポークチャップ弁当 …………………………… 146
鶏肉の中華炒め弁当 …………………………… 147
すき焼き風弁当 ………………………………… 147

ヘルシー野菜弁当
ツナサラダ弁当 ………………………………… 148
肉なしチンジャオ弁当 ………………………… 149
野菜キーマカレー弁当 ………………………… 149

本格シーフード弁当
シーフードきのこクリーム弁当 ……………… 150
えび玉塩あんかけ弁当 ………………………… 151
かじきのみそ焼き弁当 ………………………… 151

おこさまメニュー弁当
タコライス弁当 ………………………………… 152
2色そぼろ弁当 ………………………………… 153
オムライス弁当 ………………………………… 153

お弁当便利コラム 6 ご飯のアレンジカタログ ………… 154

フライパンパスタ弁当
小松菜のクリームパスタ弁当 ………………… 158
ブロッコリーとじゃこの和風パスタ弁当 …… 159
トマトとズッキーニのパスタ弁当 …………… 159

アレンジ焼きそば弁当
エスニック焼きそば弁当 ……………………… 160
じゃがいも焼きそば弁当 ……………………… 161
ツナのレモン焼きそば弁当 …………………… 161

アレンジ焼きうどん弁当
ナポリタン弁当 ………………………………… 162
サラダうどん弁当 ……………………………… 163
カレー焼きうどん弁当 ………………………… 163

スープジャー弁当
ポトフ風スープ ………………………………… 164
春雨キムチスープ ……………………………… 164
野菜のトマトスープパスタ …………………… 165
ツナとキャベツのコーンスープパスタ ……… 165
野菜のカレーリゾット ………………………… 166
サムゲタン風おかゆ …………………………… 166
きのこのチーズリゾット ……………………… 167
卵とわかめのおかゆ …………………………… 167

お弁当便利コラム 7 パンのアレンジカタログ ………… 168

材料別おかずさくいん ………… 172〜175

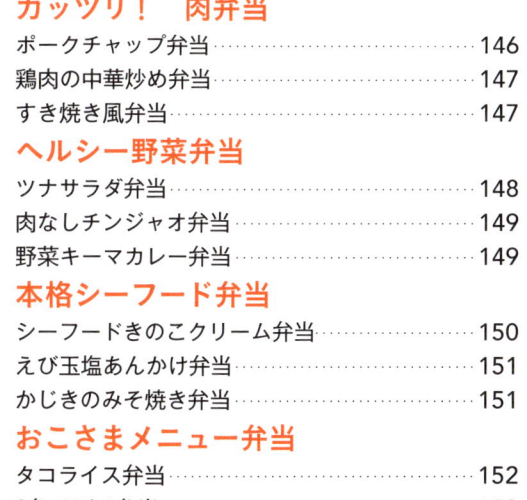

この本のきまり

- 小さじ1は5㎖、大さじ1は15㎖、1カップは200㎖です。
- 材料の分量は、お弁当6回分を基本にしています。一部1回分のレシピもあります。
- 電子レンジは600Wを使用しています。500Wの場合は加熱時間を1.2倍にしてください。
- 冷蔵、冷凍の保存期間は目安です。ご家庭での保存状況によっておかずの保存期間も変わります。食べる前に必ずおかずの状態を確認してください。

> この本ならお悩み解決!

ラクラク！お弁当生活

お弁当生活を始めてみたいけど、
時間がない、続けられるか心配などなかなか始められない人も多いはず。
でも、この本があればお弁当作りのお悩みは解決！
お弁当も普段の食事作りも、もっとラクになります。

お悩み1

朝、忙しくて作れません…

コレで解決

作りおきおかずなら朝はつめるだけ！

　この本のおかずは、ほとんどが作りおきできるレシピです。週末や、時間があるときにまとめて作っておけば、保存ができるので、朝作らなくてもOK！
　基本は、1章メインおかず、2章イロドリ副菜、3章しみじみ副菜から1つずつ選んで、あとはご飯があればお弁当の完成です。

作りおきおかずはこんなに使える！

鶏肉の照り焼き 6回分（→P18）

家族みんなのお弁当に

　この本の作りおきおかずの分量は、すべて6回分です。たとえば、3人家族のお弁当でも、6回分あれば十分。アレンジ法もたっぷり紹介しているので、家族それぞれの好みの味にアレンジすることができます。

夕食

朝食

夕食、朝食にもぴったり

　分量は6回分（6人分）なので、夕食のおかずとして作り、あまったら次の日のお弁当に、という使い方もできます。
　また、朝ご飯に作りおきの主菜や副菜を添えるだけでワンランクアップ。盛るだけで、満足感がある朝ご飯になります。

お酒のおつまみにも

　副菜をいくつか盛り合わせるだけで、お酒のおつまみにもなります。副菜はマリネやサラダが多く、野菜がたくさん摂れてオススメ。

お悩み2 メニューが決められません…

コレで解決

1章 メインおかず
2章 イロドリ副菜
3章 しみじみ副菜
} から1つずつ選ぶだけ！

1章、2章、3章のおかずから1つずつお弁当につめるだけ。あれこれ考えなくても、彩りがよく、栄養満点のお弁当が完成します。

メインおかず（→P18）
鶏肉、ひき肉、豚肉、牛肉、魚介のメインになるおかずです。

イロドリ副菜（→P72）
彩りのいい緑、赤、黄色の食材を使った副菜のおかずです。2章から2つ選んでつめてもOK。

しみじみ副菜（→P112）
茶色、白色などの食材を使った、味わい深い副菜のおかずです。

すきまうめ食材（→P68）
すきまを埋めたい、おかずの量が足りないときなどに。

主食
ご飯をつめるだけでOK。

いろいろなおかずを作るのが、正直めんどうくさいです…

コレで解決

くり返し作っても飽きない厳選メニュー！

メインおかずは厳選16品!!

アレンジ 27品 **バリエ 34品** で飽きない！

1章では、メインおかずと同じ作り方で、材料を替えて作る「バリエ」、メインおかずを別のおかずに替える「アレンジ」を紹介しています。2章、3章でも「味ガエ！」のアイデア満載。お気に入りのメニューを見つけたら、くり返し作っても飽きません。

お悩み 4

茶色いお弁当になっちゃいます…

コレで解決

イロドリ副菜でバッチリ！

何も考えずに作ると、茶色いおかずばかりになってしまった…。
そんなときは、2章のイロドリ副菜を入れれば解決。彩りがいい野菜を使ったおかずになっているので、1つ入れるだけでお弁当がパッと明るくなって、見栄えがよくなります。

> この本のレシピで作る！

1週間のお弁当例

この本のおかずを使った、1週間のお弁当例を紹介します。
アレンジを加えながら、毎日のお弁当をやりくりしていきましょう。

日曜日 Sunday ｜ 1週間のメニューを決めて買い物と仕込み

🥬 **やりくりのポイント**
- メインおかず、イロドリ副菜、しみじみ副菜から2品ずつ作る
- おかずは冷蔵、冷凍を組み合わせる
- 主菜の1つは下味冷凍できるおかずや、アレンジが利くおかずを

メインおかず

❶ 鮭のオイル焼き（→P56）  冷蔵

❷ ハンバーグ（→P30）  冷凍

主食

白いご飯と好みのおにぎりを冷凍。  冷凍

イロドリ副菜

❸ じゃこと青のりの卵焼き（→P72）  冷蔵

❹ 小松菜と桜えびの炒め物（→P97）  冷凍

しみじみ副菜

❺ きんぴらごぼう（→P124）  冷蔵

❻ えのきのカレー風味（→P130）  冷凍

月曜日 Monday ｜ おかずをつめるだけ

❶ ＋ ❸ ＋ ❺ ＝ **鮭のオイル焼き弁当**

電子レンジで解凍、温め直してつめるだけのお弁当。ご飯の上に青じそ、鮭をのせて盛り付け、和のお弁当らしさを出しました。

| 火曜日 Tuesday | メインおかずをアレンジ |

 + +  = 鮭のちゃんちゃん焼き弁当

鮭をちゃんちゃん焼きにアレンジ（➡P58）。電子レンジでできるから朝の忙しい時間でも簡単です。ご飯にふりかけをのせて彩りアップ。

| 水曜日 Wednesday | メインおかずと副菜をアレンジ |

 +  +  = 鮭のレモンムニエル弁当

鮭をレモンムニエルにアレンジ（➡P59）。鮭はサラダ油をまぶして焼いているので、洋風にもアレンジ可能。卵焼きはチーズをのせて焼いても。

追加の仕込み 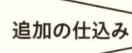 ❷を2回分解凍してハンバーグを焼いておく。

| 木曜日 Thursday | おかずをつめるだけ |

 +  +  =  ハンバーグ弁当

前日焼いたハンバーグと、残りはつめるだけの弁当。おかずにちょっと飽きてきたと思ったら、すきまうめ食材を追加するのも手です。

| 金曜日 Friday | メインおかずと副菜をアレンジ |

 +  +  = 煮込みハンバーグ弁当

ハンバーグを簡単ソースでさっと煮てアレンジ（➡P33）。えのきのカレー風味はベーコンを加えて。

> 見せたくなる！

お弁当のつめ方

お弁当をキレイに、見た目よくつめるのはなかなか難しいものです。
まずはつめやすいお弁当箱を選ぶことからはじめましょう。

1. つめやすくて、中身がずれないお弁当箱を選ぶ

形と容量

お弁当初心者は<mark>15〜16cmの楕円の</mark><mark>お弁当箱</mark>がつめやすいでしょう。四角いお弁当箱はおかずの収まりが悪くなりがちです。容量は<mark>600mlくらい</mark>を目安に。

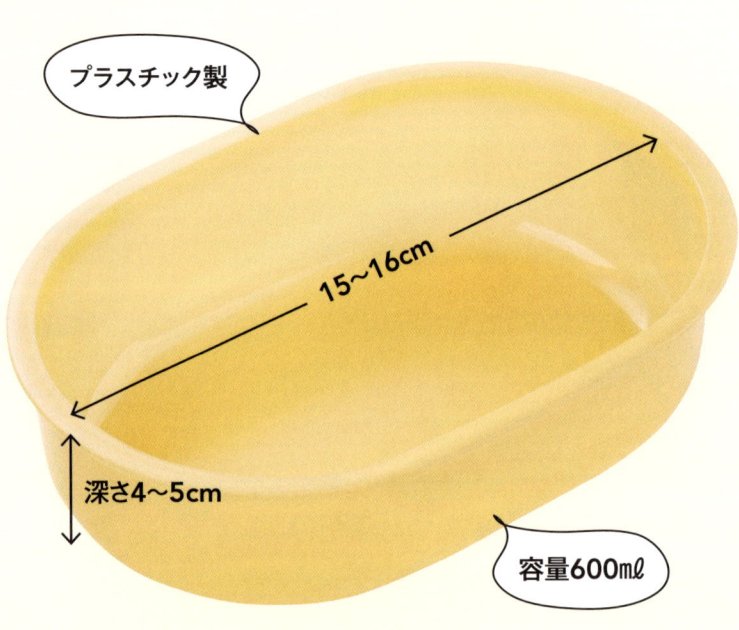

プラスチック製 / 15〜16cm / 深さ4〜5cm / 容量600ml

深さ

お弁当箱が深いと、おかずがずれる原因になります。<mark>深さ4〜5cmくらい</mark>が最適です。

材質

プラスチック製
熱や酸に強い素材。温かいものを入れたり<mark>電子レンジで温めたりするのにぴったり</mark>。また、パッキンがついていてふたがしっかりと閉まるものは、<mark>汁もれしにくい</mark>。

アルミ製
油などの<mark>頑固な汚れが落ちやすく</mark>、軽くて<mark>丈夫で長持ち</mark>しやすい。ただ、電子レンジは使用不可なのが難点。

木製
ここ数年「曲げわっぱ」が人気。値段は高めだが、<mark>保冷、保温効果が高く</mark>、丈夫で長持ち。素材によっては<mark>殺菌効果も期待</mark>できる。早めに洗ってしっかり乾燥させる。

買い足すお弁当箱

おにぎりのときは
おかずだけを入れる保存容器があると便利。容量は300mlくらいの小さめで、しっかりふたが閉められるものを。

サンドイッチのときは
サンドイッチなどのパンは、つぶれやすいのでサンドイッチケースなどの専用の容器がよい。

2. 基本のつめ方とポイントを覚える

① ご飯をつめる

最初に位置を決めてつめる。おかずと接する部分は少し斜めになるようにつめておくと、おかずに高さを出したいときに◎。

② 主菜をつめる

主菜は大きいのでお弁当箱の形に合わせて食べやすく切ったり、高さが足りなければ下に葉野菜などを敷いて底上げしたりしても。

これで見た目アップ！
- ご飯のつめ方を変えてみる。

斜め / 縦

- ご飯の上に何かのせる。

梅干し / たくあん など

- ご飯を混ぜご飯やおにぎりに変える。

混ぜご飯

これで見た目アップ！
- 添え物を足してみる。

レモンの輪切り / レタス、青じそなどの葉物

③ 副菜をつめる

やわらかいおかず（ポテトサラダなど）や、味が混ざるのを避けたいおかずは、おかずカップを使って。

これで見た目アップ！
- 仕切りを替える。

ワックスペーパー / フリルレタス

④ すきまうめ食材をつめる

すきまはチーズやミニトマト、ゆで野菜などの食材でささっと埋める。彩りがほしいときにも重宝するので、赤、緑、黄の食材は常備しておくとよい。

すきまうめ食材代表選手 ➡P68

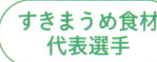

赤 ミニトマト / 黄 とうもろこし / 緑 ブロッコリー

15

この本の使い方

1章 メインのおかずを食材別に掲載しています。

バリエ メインのおかずと同じ作り方で、材料などを替えて作れるおかずです。

アレンジ メインのおかずを1回分使って作るアレンジおかずです。

❶ **ラクテク！** 簡単に作れる調理のポイントを紹介します。

❷ **下味冷凍！** 下味をつけて冷凍できるものを紹介します。

❸ **保存の名人アドバイス** 便利な冷凍方法を紹介します。

❹ **味ガエ！／＋1で味ガエ！** 味つけを変える方法を紹介します。

❺ **おすすめ副菜** メインおかずに合う副菜を紹介します。

❻ **すぐでき！** 5分以内にできる、すぐできるおかずです。

2章 3章 イロドリ副菜、しみじみ副菜の章です。

❼ **おしゃれ食材** 加えるだけでおかずがおしゃれになる食材を紹介します。

❽ **あると便利！** 忙しい朝にあると便利な市販品の紹介です。

4章 作りおきおかずがなくても、朝10分でできるお弁当です。

キャラクター紹介

保存さん
最新式の冷蔵庫。おいしく便利に保存する方法を教えてくれる。

うさぎ母さん
料理上手でやりくり上手。いろいろな味つけを教えてくれる。

ラクラクさん
料理は簡単に！がモットー。試してみたい裏ワザを教えてくれる。

おしゃれ姉さん
おしゃれ大好きで食べ物までこだわる。おしゃれ食材を教えてくれる。

1

メインおかず

毎日食べたい、使えるおかずを厳選しました。バリエとアレンジをたっぷり紹介しているので、飽きることなくたのしめます。

鶏肉の照り焼き

甘じょっぱい味つけが食欲をそそる！　みんな大好きな定番のお弁当おかずです

●材料（6回分）

鶏もも肉	2枚（600g）
小麦粉	適量
サラダ油	大さじ1
水	大さじ2
A ┌ 砂糖、しょうゆ、酒	各大さじ2
└ 水	大さじ1

●作り方

1. 鶏もも肉は余分な脂肪を除いて、身側に5mm間隔で浅く切り込みを入れ、薄く小麦粉をまぶす。Aは混ぜておく。
2. フライパンにサラダ油を強火で熱し、1を皮目から焼き、カリッとしたら返して裏もカリッと焼く。
3. 余分な油を拭き取り、分量の水を加えて4〜5分ほど蒸し焼きにする。
4. 3にAを加えて照りが出るまで煮からめ、食べやすく切る。

ラクテク！ 調味料はこれだけ！　よく混ぜて砂糖を溶かして。

保存の名人アドバイス

冷蔵 3日
保存容器に入れて冷蔵。フライパンに残ったたれをかけてしっとり感を保って。

冷凍 1か月
1回分ずつラップに包み、冷凍用保存袋に入れて冷凍。たれもまんべんなくかけて。

+1で味ガエ！

＋七味唐辛子　ひとふりでピリッと味が引き締まり、大人向けのおかずに。

＋刻みのり　のりの香りが照り焼きにぴったり。ご飯にのせて焼き鳥丼風にも。

おすすめ副菜

甘辛味の照り焼きには、サラダのようにさっぱりした味つけや、辛味のある味の副菜が合います。

イロドリ副菜
うずらの卵とミニトマトのゆかり酢 ➡ P75

しみじみ副菜
自家製メンマ ➡ P129

照り焼きバリエ

ぶりのしょうが照り焼き
しょうが入りで冷めてもおいしい！

⏱10分 / 251kcal / 冷蔵2日 / 冷凍1か月

●材料（6回分）
- ぶり……4切れ（480g）
- 塩……少々
- 片栗粉……適量
- ごま油……大さじ1
- 水……大さじ2
- A [砂糖、しょうゆ、酒……各大さじ2 / しょうがの絞り汁……大さじ1]

●作り方
1. ぶりは1切れを3等分に切る。塩をふって片栗粉を薄くまぶす。Aは混ぜておく。
2. フライパンにごま油を強火で熱し、1を両面カリッと焼く。
3. 余分な油を拭き取り、水を加えて1〜2分ほど蒸し焼きにする。
4. 3にAを加えて照りが出るまで煮からめる。

豚こまの中華照り焼き
こま切れ肉でふっくらやわらか〜い！

⏱15分 / 266kcal / 冷蔵3日 / 冷凍1か月

●材料（6回分）
- 豚こま切れ肉……500g
- チンゲン菜……大1株
- A [塩……少々 / 片栗粉……大さじ2]
- サラダ油……大さじ1
- B [しょうゆ、みりん、酒、水……各大さじ2 / 豆板醤……小さじ¼]

●作り方
1. 豚こま切れ肉はAをまぶして18等分に丸める。チンゲン菜は3cm長さに切って根元は6等分に切る。Bは混ぜておく。
2. フライパンにサラダ油小さじ1を強火で熱し、1のチンゲン菜の茎、葉の順に炒めて取り出す。
3. 残りのサラダ油を足して、1の豚肉を焼き、両面カリッと焼けたら余分な油を拭き取り、Bを加えて1〜2分ほど蒸し焼きにする。
4. 照りが出るまで煮からめ、2を戻して炒め合わせる。

えびのケチャップ照り焼き

甘めのたれでいかやほたてにも合う♪

15分 / 90kcal / 冷蔵2日 / 冷凍1か月

●材料（6回分）
- えび（殻つき）……18尾（360g）
- 玉ねぎ……½個
- サラダ油……大さじ1
- A　酒……大さじ2
- 　　塩、こしょう……各少々
- B　水……大さじ4
- 　　トマトケチャップ……大さじ2
- 　　しょうゆ……大さじ½
- 　　砂糖……小さじ1
- 　　片栗粉……小さじ1弱
- 　　鶏がらスープの素（顆粒）……小さじ½

●作り方

1. えびは尾を残して殻をむき、背わたを取ってAをもみ込む。玉ねぎは1cm幅のくし形切りにする。Bは混ぜておく。
2. フライパンにサラダ油を熱して1の玉ねぎを炒める。1のえびを調味料ごと加えて、1～2分ほど蒸し焼きにする。
3. 2にBを加えて照りが出るまで煮からめる。

1 主菜　肉／照り焼きバリエ

鶏肉のBBQ照り焼き

マーマレードジャムで洋風アレンジ♪

15分 / 255kcal / 冷蔵3日 / 冷凍1か月

●材料（6回分）
- 鶏もも肉……2枚（600g）
- 小麦粉……適量
- 水……大さじ2
- サラダ油……大さじ1
- A　マーマレードジャム……大さじ4
- 　　しょうゆ、酒……各大さじ2
- 　　砂糖……小さじ1

●作り方

1. 鶏もも肉は余分な脂肪を除いて、身側に浅く切り込みを入れ、全体に薄く小麦粉をまぶす。Aは混ぜておく。
2. フライパンにサラダ油を強火で熱し、1を皮目から焼き、カリッとしたら返して裏もカリッと焼く。
3. 余分な油を拭き取り、分量の水を加えて4～5分ほど蒸し焼きにする。
4. 3にAを加えて照りが出るまで煮からめる。

ポリ袋で
下ごしらえ簡単！

しみじみ副菜
レモンポテトサラダ
➡P112

主食
明太しそマヨおにぎり
➡P155

イロドリ副菜
にんじんとレーズンのサラダ ➡P76

鶏肉のから揚げ

お弁当仕様の衣だから、冷めてもおいしい！　たくさん作ってアレンジしても♪

 15分 / 305kcal
 冷蔵3日 / 冷凍1か月

●材料（6回分）
鶏もも肉　　　　　　　　　2枚（600g）
A｜しょうゆ、しょうがの絞り汁 ‥ 各大さじ1
　｜酒　　　　　　　　　　　　　大さじ½
B｜卵　　　　　　　　　　　　　　1個
　｜サラダ油　　　　　　　　　　大さじ1
C｜小麦粉、片栗粉　　　　　　各大さじ2
揚げ油　　　　　　　　　　　　　適量

●作り方

1. 鶏肉は一口大に切ってポリ袋に入れ、Aを加えてもみ込む。全体になじんだら、Bを加えてさらにもみ込む。

2. Cを加えて粉が見えなくなるまで混ぜたら、180℃の揚げ油で5分ほどこんがりと揚げる。

ラクテク！　下味から衣づけまでポリ袋でできるからラクチン。

おすすめ副菜

しょうゆ味のから揚げには、和の副菜を合わせてシンプルな和風弁当もおすすめ。さっぱりピクルスを添えても。

イロドリ副菜
にんじんとごぼうの炒り煮
➡P79

しみじみ副菜
しらたきのたらこ煮
➡P133

鶏肉のから揚げを使って アレンジ

1回分（3個）

チキン南蛮

簡単タルタルソースで！

3分 / 392kcal

●材料（1回分）
鶏肉のから揚げ …… 3個
ポン酢しょうゆ .. 小さじ½
玉ねぎ（みじん切り）
　………… 大さじ½
A［マヨネーズ .. 大さじ1
　砂糖 ……… ひとつまみ
　こしょう ……… 少々］
パセリ（みじん切り）、
　一味唐辛子 …. 各少々

●作り方
1 鶏肉のから揚げを電子レンジで温め、ポン酢しょうゆをからめる。
2 玉ねぎはキッチンペーパーに包んで流水で洗い、水けを絞ってAと混ぜる。
3 1に2をかけて、一味唐辛子、パセリをふる。

ヤンニョムチキン

クセになる甘辛だれで！

3分 / 348kcal

●材料（1回分）
鶏肉のから揚げ …… 3個
A［コチュジャン .. 小さじ1
　はちみつ、ごま油
　……… 各小さじ½
　白いりごま …… 少々］

●作り方
鶏肉の唐揚げを電子レンジで温め、Aをからめる。

酢鶏

レンジで加熱するだけ！

5分 / 362kcal

●材料（1回分）
鶏肉のから揚げ …… 3個
パプリカ（赤）……… ⅛個
A［砂糖、酢、水
　……… 各大さじ1
　しょうゆ … 大さじ½
　片栗粉 …… 小さじ½］

●作り方
1 パプリカは小さめの乱切りにする。耐熱容器にAを入れて混ぜ、鶏肉のから揚げ、パプリカを入れてラップをかける。
2 1を電子レンジ（600W）で2分加熱してよく混ぜ、さらに1分加熱して混ぜる。

梅しそかつおから揚げ

から揚げをさっぱりと！

5分 / 331kcal

●材料（1回分）
鶏肉のから揚げ …… 3個
青じそ（せん切り）.. 2枚分
梅干し ………… 小1個
A［みりん …… 小さじ1
　かつお節
　……… ひとつまみ］

●作り方
1 梅干しは種を除いて包丁でたたき、Aと混ぜる。
2 鶏肉のから揚げは電子レンジで温めて1であえ、青じそをのせる。

1 主菜 ／ 肉／鶏肉のから揚げ、アレンジ

鶏ハム

電子レンジで超簡単！　下味をしっかりつければしっとりします。

 15分 / 174 kcal

●材料（6回分）
鶏むね肉（常温にもどす）
　……………… 2枚（500g）
パプリカ（赤）……… 1個
A｜塩 ……………… 小さじ1
　｜こしょう ………… 少々
　｜はちみつ ……… 小さじ2
　｜酒 ……………… 大さじ1

●作り方
1　パプリカは細切りにする。
2　鶏むね肉は中央に包丁を入れて観音開きにし、ラップを敷いた上でめん棒でたたいて2倍の大きさに広げる。Aを順番にまぶしてもみ込む。
3　パプリカの½量を鶏肉の手前に置いてきつく巻き、ラップごとキャンディー包みにする。もう1枚も同様に包む。
4　耐熱容器に3をのせてつま楊枝で1本につき10か所ほど穴をあけ、電子レンジ（600W）で4～5分加熱する。

 ラクテク！　電子レンジで完成！　ラップのまま冷まして。

保存の名人アドバイス

冷蔵 3日
保存容器に入れて冷蔵。パサつき防止のため、切らずにラップに包んだまま保存。

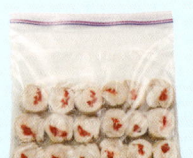
冷凍 1か月
1回分ずつラップに包み、冷凍用保存袋に入れて冷凍。解凍するときは電子レンジで1分ほど。加熱しすぎないこと。

+1で味ガエ！

＋マヨネーズ　サラダ感覚で食べられる味に。パンにのせてもおいしい。

＋トマトケチャップ　甘いケチャップは鶏肉が少しパサついてしまったときにもおすすめ。

おすすめ副菜

塩味の鶏ハムは、シンプルな味付け。ちょっと濃い味の副菜を入れてもよいでしょう。黄色や緑の副菜を足して。

イロドリ副菜
アスパラのキッシュ
➡P73

しみじみ副菜
大根のしょうが焼き
➡P123

1 主菜

肉／鶏ハム

しみじみ副菜
ひじきと玉ねぎの甘酢サラダ ➡ P134

主食
チャーハン風混ぜご飯 ➡ P157

電子レンジで
ほっとくだけ

イロドリ副菜
パプリカとかぼちゃの揚げびたし ➡ P85

鶏ハムを使って

アレンジ

1回分(80g)

鶏ハムのピカタ

10分 / 403kcal

●材料（1回分）

鶏ハム	80g
小麦粉	少々
オリーブ油	小さじ1
トマトケチャップ	適量
A 卵	1個
粉チーズ、オリーブ油	各小さじ2

●作り方

1 鶏ハムに小麦粉を薄くまぶす。Aは混ぜておく。

2 フライパンにオリーブ油を熱し、Aにくぐらせた鶏ハムを並べて両面こんがり焼く。トマトケチャップを添える。

＼チーズと卵の衣がぴったり！／

鶏ハムのハニーマスタードベーグル

5分 / 502kcal

●材料（1回分）

鶏ハム	80g
ベーグル	1個
サニーレタス	1枚
玉ねぎ	⅛個
A マヨネーズ	大さじ2
粒マスタード、はちみつ	各小さじ1

●作り方

1 玉ねぎは薄切りにする。

2 Aを混ぜて、鶏ハムにからめる。

3 半分に切ったベーグルに、サニーレタス、**1**、**2**をはさむ。

＼パンにぴったりのデリ風アレンジ！／

鶏ハムの香草パン粉焼き

 5分 / 254 kcal

●材料（1回分）
鶏ハム……………………… 80g
マヨネーズ………………… 大さじ½
A ┌ パン粉……………… 大さじ2
  │ 粉チーズ…………… 大さじ1
  └ パセリ（みじん切り）… 小さじ1

●作り方
1 鶏ハムはアルミホイルに並べて、マヨネーズを塗る。
2 Aを混ぜて1にふんわりのせて、オーブントースターで焦げ目がつくまで3分ほど焼く。

カリカリの衣がおいしい！

鶏ハムのカオマンガイ

 5分 / 554 kcal

●材料（1回分）
鶏ハム……………………… 80g
ご飯………………………… 200g
鶏がらスープの素（顆粒）…… 少々
きゅうり（薄切り）、ミニトマト、
　レモン（くし形切り）……… 各適量
A ┌ ポン酢しょうゆ……… 大さじ1
  │ はちみつ、ごま油… 各小さじ½
  └ おろししょうが……… 小さじ½

●作り方
1 温かいご飯に鶏がらスープの素を加えてさっくりと混ぜる。
2 1に鶏ハム、きゅうり、ミニトマト、レモンをのせる。食べるときにAをかける。

鶏の香りたっぷりの丼モノ！

1 主菜 ／ 肉／鶏ハムアレンジ

イロドリ副菜
キャベツとちくわの
わさびマヨあえ ➡P94

しみじみ副菜
たたきれんこんの甘辛炒め
➡P126

主食
ゆかりおにぎり
ご飯1膳につきゆかり小さじ1/3を混ぜて俵形のおにぎりを作って、のりを巻く。

包丁を使わないからラクチン！

鶏天

ささみを1本まるごと揚げれば食べごたえあり！　紅しょうがを加えた衣もポイント

15分 / 123kcal / 冷蔵2日 / 冷凍1か月

●材料（6回分）
鶏ささみ……6本	紅しょうが……大さじ2
ししとう……12本	A [卵……大1個
小麦粉……適量	小麦粉、片栗粉…各大さじ1
塩……適量	塩……小さじ1/6]
揚げ油……適量	

●作り方

1 鶏ささみは筋を取って、塩少々をふって薄く小麦粉をまぶす。ししとうは包丁で切り目を入れる。紅しょうがは粗みじん切りにして、Aとよく混ぜる。

2 170℃の揚げ油で1のししとうを素揚げして、取り出して塩をふる。

3 1の鶏ささみを1の衣にくぐらせて揚げ油に入れ、カリッとするまで揚げる。

おすすめ副菜

塩味の鶏天は、意外とさっぱり食べれる主菜。食べごたえがある食材や、コクのある味の副菜を選んで。

イロドリ副菜
にんじんとれんこんの
すっぱ炒め ➡P77

しみじみ副菜
ポテトサラダ ➡P112

天ぷら バリエ

1 主菜 ／肉／鶏天、天ぷらバリエ

＼辛子が香る大人の揚げ物！／

豚れんこんの辛子天

20分 ／ 219kcal ／ 冷蔵3日 ／ 冷凍1か月

●材料（6回分）
- れんこん……12cm
- 豚ロース薄切り肉……12枚
- 練り辛子……小さじ3
- 塩……少々
- 小麦粉……適量
- 揚げ油……適量
- A ┃ 卵……1個
  ┃ 小麦粉、片栗粉……各大さじ1
  ┃ 塩……小さじ1/6

●作り方
1. れんこんは皮をむいて1cm厚さの輪切りにし、両面に練り辛子を塗る。豚ロース薄切り肉は広げて塩をふり、れんこんに巻いて、表面に薄く小麦粉をまぶす。Aは混ぜておく。
2. 1のれんこんをAにくぐらせ、170℃の揚げ油で、カリッとするまで揚げる。

＼食べやすいお弁当サイズに！／

かじきのカレー天

15分 ／ 188kcal ／ 冷蔵2日 ／ 冷凍1か月

●材料（6回分）
- めかじき……4切れ
- 塩……少々
- 小麦粉……適量
- 揚げ油……適量
- A ┃ 卵……1個
  ┃ 小麦粉、片栗粉……各大さじ1
  ┃ カレー粉……小さじ1
  ┃ 塩……小さじ1/6
- レモン（くし形切り）適量

●作り方
1. めかじきは2cm大の角切りにして塩をふり、薄く小麦粉をまぶす。Aは混ぜておく。
2. 1のめかじきをAにくぐらせ、170℃の揚げ油で、カリッとするまで揚げる。好みでレモンを添える。

＼たらなら翌日もしっとり！／

たらの磯辺揚げ

10分 ／ 167kcal ／ 冷蔵2日 ／ 冷凍1か月

●材料（6回分）
- たら……4切れ
- 塩……少々
- 小麦粉……適量
- 揚げ油……適量
- A ┃ 卵……大1個
  ┃ 小麦粉、片栗粉……各大さじ1
  ┃ 青のり……小さじ1
  ┃ 塩……小さじ1/6

●作り方
1. たらは小骨を取ったあと一口大に切り、塩をふって薄く小麦粉をまぶす。Aは混ぜておく。
2. 1のたらをAにくぐらせ、170℃の揚げ油で、カリッとするまで揚げる。

＼プリッとしたえびがおいしい！／

えびと三つ葉のかき揚げ

20分 ／ 210kcal ／ 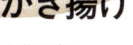 冷蔵3日 ／ 冷凍×

●材料（6回分）
- むきえび……250g
- 三つ葉……2束（60g）
- 小麦粉……適量
- 揚げ油……適量
- A ┃ 卵……大1個
  ┃ 小麦粉、片栗粉……各大さじ1
  ┃ 塩……小さじ1/6
- 山椒塩……適量

●作り方
1. 三つ葉はざく切りにする。Aは混ぜておく。
2. ボウルにむきえび、1の三つ葉を入れて小麦粉を薄くまぶし、Aを加えて混ぜる。
3. 170℃の揚げ油に2を一口大に落とし、カリッと揚げる。好みで山椒塩をふる。

ハンバーグ

大人も子どもも大好きなハンバーグはきのこを加えてふっくらやわらか！

20分 / 195kcal

●材料（6回分）
- 合いびき肉　　　　300g
- 玉ねぎ　　　　　　½個
- えのきだけ　　1袋（100g）
- サラダ油　　　　　大さじ1
- A
  - パン粉　　　　　40g
  - 卵　　　　　　　2個
  - 塩　　　　　小さじ⅔
  - こしょう　　　　少々

●作り方

1 玉ねぎとえのきだけはみじん切りにして、耐熱容器に入れてふんわりラップをし、電子レンジ（600W）で3分加熱する。

ラクテク！ 電子レンジ加熱でヘルシー＆ジューシーに。

2 別のボウルに合いびき肉、Aを入れてよく混ぜる。粗熱がとれた1を加えて混ぜ（※）、12等分の楕円形に丸める。

下味冷凍！ 冷凍する場合は、成形する前に。週末の仕込みにおすすめ。

3 フライパンにサラダ油を中火で熱し、2を入れて焼く。両面に焼き色がついたら、弱めの中火で5分ほど蒸し焼きにする。

※P32〜33のバリエはこの状態のものを使う

保存の名人アドバイス

冷蔵 3日
保存容器に入れて冷蔵。つなぎが多めの生地なので再加熱でもふっくら。

冷凍 1か月
タネを冷凍用保存袋に入れ、筋目をつけ冷凍。6等分にしておくと便利。

＋1で味ガエ！

＋オーロラソース　ケチャップとマヨネーズを混ぜたピンク色のソースでまろやかに。

＋スライスチーズ　焼きたてのハンバーグにチーズをのせるだけで、自然に溶けます。

🍴 おすすめ副菜

食べごたえのあるハンバーグには、野菜をたっぷり使った副菜を添えて。酸味のあるおかずでさっぱりと。

イロドリ副菜
ミニトマトのラタトゥイユ ➡P80

しみじみ副菜
大根とたくあんのあえ物 ➡P123

しみじみ副菜	主食
デリ風ポテトサラダ ➡P112	チーズオイル混ぜご飯 ➡P157

1 主菜

肉／ハンバーグ

しっかり味で
ソースなしでも
おいしい！

イロドリ副菜
にんじんとスナップえんどうのグラッセ ➡P78

ハンバーグ バリエ

ロールキャベツ
野菜も摂れる洋風メニュー

15分 / 227kcal / 冷蔵3日 / 冷凍1か月

●材料（6回分）
ハンバーグのタネ	全量	水	600mℓ
キャベツ	小12枚（600g）	A コンソメスープの素（固形）	1個
にんじん	小1本	塩	小さじ⅓
パセリ（みじん切り）	適量		

●作り方

1 キャベツはラップで包んで、電子レンジ（600W）で2～3分加熱する。粗熱がとれたら芯の厚い部分は切り取る。にんじんは8mm厚さの輪切りにする。

2 1のキャベツを広げて12等分したハンバーグのタネをのせて包み、巻き終わりをつま楊枝で留める。

3 すきまなく入る鍋に2を入れ、1のにんじんをのせる。Aを加えて強火にかけ、煮立ったら弱火で15分煮て、そのまま粗熱をとる。好みでパセリをふる。

ミートローフ
電子レンジでお手軽！

20分 / 276kcal / 冷蔵3日 / 冷凍1か月

●材料（6回分）
- ハンバーグのタネ ……… 全量
- ベーコン ……………… 6枚

●作り方

1 ベーコンは長さを3等分に切る。

2 ラップを40cmの長さに2枚切って、十字に重ねる。ベーコンの半量を、少し重ねながら長さ20cmになるように並べる。ハンバーグのタネの半量をベーコンの上にのせて長さ20cmになるようにラップを巻いて整える。両端は閉じないでおく。同様にもう1本包む。

3 耐熱容器に2をひっくり返してのせ、電子レンジ（600W）で5～8分ほど加熱してそのまま粗熱をとる。

スコッチエッグ
うずらの卵でボリュームアップ！

20分 / 167kcal / 冷蔵3日 / 冷凍1か月

●材料（6回分）
ハンバーグのタネ ……… ½量
うずらの卵（水煮）……… 12個
小麦粉 ……………………… 適量
揚げ油 ……………………… 適量
トマトケチャップ ………… 適量

●作り方
1 うずらの卵は水けを拭いて、小麦粉をまぶす。12等分にしたハンバーグのタネで包み、薄く小麦粉をまぶす。
2 170℃の揚げ油で1を3〜4分ほど揚げる。好みでトマトケチャップを添える。

1 主菜
肉／ハンバーグバリエ

煮込みハンバーグ風
ケチャップとソースでできる！

20分 / 226kcal / 冷蔵3日 / 冷凍1か月

●材料（6回分）
ハンバーグのタネ ……… 全量
バター ……………………… 大さじ1
牛乳 ………………………… 大さじ2
A [トマトケチャップ、中濃ソース ……… 各大さじ2
    水 ……………………… 200mℓ]

●作り方
1 ハンバーグのタネを12等分の楕円形に丸める。
2 フライパンにバターを中火で熱し、1の両面に焼き色をつける。Aを加えて煮立ったら、ふたをして10分煮る。
3 牛乳を加えてひと煮立ちさせる。

つくねのスープ煮

香味野菜をきかせて、ふんわりやわらかい仕上がり

 15分 / 202 kcal

● 材料（6回分）
- 豚ひき肉、鶏ひき肉 … 各250g
- 長ねぎ … 1本
- おろししょうが … 1片分
- 卵 … 1個
- 片栗粉 … 大さじ3
- 塩 … 小さじ1
- 酒 … 大さじ2
- A
  - 水 … 1ℓ
  - 酒 … 大さじ1
  - 鶏がらスープの素（顆粒） … 小さじ1

● 作り方
1. 長ねぎはみじん切りにする。
2. A以外の材料をすべてポリ袋に入れてよく混ぜる。
3. 鍋にAを入れて沸騰させ、2をスプーンで一口大にすくって落として煮、浮き上がってきてからさらに2～3分煮る。

※残ったスープはだしが出ておいしいので、スープや雑炊などに使って。

 ラクテク！ ポリ袋なら手が汚れず、洗い物もなし！

 下味冷凍！ 冷凍する場合は、成型する前に。週末の仕込みにおすすめ。

保存の名人アドバイス

冷蔵 3日
保存容器に煮汁ごと入れて冷蔵。お弁当に入れるときは軽く汁をきって入れて。

冷凍 1か月
タネを冷凍用保存袋に入れ、筋目を入れて冷凍。使う分だけ取り出して冷蔵庫で自然解凍。

＋1で味ガエ！

＋白すりごま コクが加わって、ますますご飯が進む味に。おつまみにも◎。

＋ゆずこしょう あっさりしたつくねに、ぴりっとさわやかなゆずこしょうがぴったり。

おすすめ副菜

つくねのスープ煮は、うまみのある塩味の主菜。副菜にはスパイシーなものや、酸味のあるものを選んで。

イロドリ副菜
和風コールスロー ➡P92

しみじみ副菜
韓国風きんぴら ➡P124

1 主菜

肉／つくねのスープ煮

しみじみ副菜
じゃがいものカレー煮
➡P115

主食
ご飯160gにひたし豆
（➡P141）適量を汁
をきって混ぜる。

イロドリ副菜
ミニトマトとさやえんどうの
おひたし ➡P81

香味野菜を
たっぷり加えて
食べごたえあり！

つくねのスープ煮を使って
アレンジ

1回分（3個）

お好みつくね

5分 / 281kcal

●材料（1回分）
つくねのスープ煮……… 3個
キャベツ……………… ½枚
サラダ油……………… 小さじ1
お好み焼きソース、マヨネーズ、
　青のり、かつお節……… 各適量

●作り方
1 キャベツはせん切りにする。
2 耐熱カップに1、つくねのスープ煮を入れてサラダ油をかけ、ふんわりラップをして電子レンジ（600W）で1〜2分加熱する。
3 2にお好み焼きソース、マヨネーズ、青のり、かつお節をのせる。

＼せん切りキャベツで速攻アレンジ！／

つくねの田楽

3分 / 237kcal

●材料（1回分）
つくねのスープ煮……… 3個
黒いりごま……………… 少々
青じそ…………………… 1枚
A ┃ みそ、砂糖……… 各大さじ½
　 ┃ 酒………………… 小さじ½

●作り方
1 耐熱容器にAを入れて混ぜ、電子レンジ（600W）で20秒加熱する。
2 つくねのスープ煮は耐熱容器に入れて電子レンジ（600W）で40秒加熱する。
3 カップに青じそ、2を入れ、1をかけて黒いりごまをふる。

＼甘いみそだれをのせて／

1 主菜

肉／つくねのスープ煮アレンジ

焼き鳥感覚のつくねがおいしい！

つくねの和風ロコモコ

⏱10分 　696kcal

●材料（1回分）
- つくねのスープ煮 …………… 3個
- 卵 …………………………… 1個
- ご飯 ………………………… 200g
- サラダ菜 …………………… 1枚
- A ┃ 酒、水 ………………… 各大さじ2
　　┃ しょうゆ、砂糖 ……… 各大さじ1
　　┃ 片栗粉 ………………… 小さじ1

●作り方
1. 耐熱容器につくねのスープ煮、Aを入れ、電子レンジ（600W）で1分加熱して一度混ぜ、さらに1分加熱する。
2. フッ素樹脂加工のフライパンで目玉焼きを焼く。
3. ご飯を器に盛り、サラダ菜を敷いて、1、2をのせる。

香ばしいチーズとのりで！

つくねのチーズのり巻き

⏱10分 　264kcal

●材料（1回分）
- つくねのスープ煮 …………… 3個
- スライスチーズ ……………… 1枚
- 焼きのり（1cm×10cm）……… 3枚

●作り方
1. スライスチーズは3等分に切る。
2. アルミホイルにつくねのスープ煮を並べて、スライスチーズをのせ、オーブントースターで焼き色がつくまで5分加熱する。
3. 2に焼きのりを帯状に巻く。

| 主食 | ご飯160gにたくあん2切れをのせる。
| イロドリ副菜 | キャベツとかにかまのレモンあえ ➡ P95

さっと炒めてすぐできる！

しみじみ副菜　しらたきのチャプチェ ➡ P133

れんこんのそぼろ炒め

れんこんの食感がたのしい炒め物！　アレンジしやすく常備菜としても◎

5分 / 92kcal / 冷蔵3日 / 冷凍1か月

● 材料（6回分）
- 鶏ひき肉 …… 200g
- れんこん …… ½節（100g）
- しょうが …… 1片
- 小麦粉 …… 小さじ1
- A｜酒 …… 大さじ3
- 　｜しょうゆ、砂糖 …… 各大さじ2

● 作り方

1. れんこんは8mm角に切って水にさらして、しっかり水けをきる。しょうがはみじん切りにする。
2. フライパンに鶏ひき肉、1、Aを入れ、菜箸で混ぜ、小麦粉を茶こしでふるってしっかり混ぜる。
3. 2を中火にかけて、汁けがなくなるまで炒り煮にする。

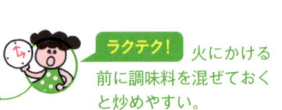

ラクテク！　火にかける前に調味料を混ぜておくと炒めやすい。

おすすめ副菜

れんこんのそぼろ炒めは、甘辛味のご飯がすすむ主菜。副菜はさっぱりサラダや野菜多めのあえ物に。

イロドリ副菜
にんじんとコーンのきんぴら ➡ P77

しみじみ副菜
じゃがいもとセロリのせん切りマリネ ➡ P115

そぼろ炒め バリエ

カレーグリーンピースそぼろ

ご飯に混ぜてピラフ風にも

⏱10分 / 120kcal / 冷蔵3日 / 冷凍1か月

●材料（6回分）
- 豚ひき肉……200g
- グリーンピース水煮（缶）……小2缶（100g）
- しょうが（みじん切り）……1片分
- 小麦粉……小さじ1
- A[酒……大さじ3 / カレー粉……大さじ2 / しょうゆ、砂糖……各大さじ1½]

●作り方
1. フライパンに豚ひき肉、缶汁をきったグリーンピース、しょうが、Aを入れて菜箸で混ぜ、小麦粉を茶こしでふるってしっかり混ぜる。
2. 1を中火にかけて、汁けがなくなるまで炒り煮にする。

トマトイタリアンそぼろ

隠し味のはちみつがポイント

⏱15分 / 105kcal / 冷蔵3日 / 冷凍1か月

●材料（6回分）
- 合いびき肉……200g
- にんじん……½本（100g）
- にんにく……½片
- 小麦粉……小さじ1
- A[トマトケチャップ、酒……各大さじ3 / しょうゆ……大さじ1 / はちみつ……小さじ½ / 粗びき黒こしょう……少々]

●作り方
1. にんじん、にんにくはみじん切りにする。
2. フライパンに、合いびき肉、1、Aを入れて菜箸で混ぜ、小麦粉を茶こしでふるってしっかり混ぜる。
3. 2を中火にかけて、汁けがなくなるまで炒り煮にする。

お好み焼き風そぼろ

紅しょうがでさっぱりと！

⏱10分 / 108kcal / 冷蔵3日 / 冷凍1か月

●材料（6回分）
- 鶏ひき肉……300g
- 紅しょうが……大さじ2
- 小麦粉……小さじ1
- A[ウスターソース、酒……各大さじ3 / 砂糖……小さじ2 / かつお節……1パック]
- 青のり……少々

●作り方
1. 紅しょうがは細かく刻む。
2. フライパンに、鶏ひき肉、1、Aを入れて菜箸で混ぜ、小麦粉を茶こしでふるってしっかり混ぜる。
3. 2を中火にかけて、汁けがなくなるまで炒り煮にする。好みで青のりをふる。

中華風高菜そぼろ

高菜をきかせたピリ辛味！

⏱10分 / 117kcal / 冷蔵3日 / 冷凍1か月

●材料（6回分）
- 豚ひき肉……250g
- 高菜漬け（みじん切り）……大さじ6
- 赤唐辛子……½本
- しょうが……½片
- 小麦粉……小さじ1
- A[酒……大さじ3 / しょうゆ……大さじ1 / ごま油……大さじ½]

●作り方
1. 赤唐辛子は小口切りにする。しょうがはみじん切りにする。
2. フライパンに、豚ひき肉、高菜漬け、1、Aを入れて菜箸で混ぜ、小麦粉を茶こしでふるってしっかり混ぜる。
3. 2を中火にかけて、汁けがなくなるまで炒り煮にする。

1 主菜　肉／れんこんのそぼろ炒め、バリエ

主食
市販の花巻2個。おかずを挟んで食べてもおいしい。

イロドリ副菜
マーボーなす ➡P82

しみじみ副菜
ラーパーツァイ ➡P121

電子レンジに入れるだけ！

ゆで豚

かたまり肉は電子レンジで調理時間が半分！　シンプルでアレンジOK♪

10分 / 169kcal / 冷蔵3日 / 冷凍1か月

●材料（6回分）
豚肩ロース肉（かたまり） …………… 400g
コチュジャン ……… 適量

A｜長ねぎ（青い部分）…………1本分
　｜しょうが（薄切り）…………2枚
　｜鶏がらスープの素（顆粒）… 小さじ2
　｜湯 ……………………… 200㎖

●作り方
1 豚肩ロース肉は常温にもどしておく。
2 耐熱容器に1、Aを入れてふんわりラップをかける。
3 2を電子レンジ（600W）で6分加熱する。上下を返して、さらに2分ほど、竹串を刺して透明な汁が出るまで加熱し、そのまま冷ます。好みでコチュジャンを添える。

ラクテク！ 加熱は電子レンジのみ。上下を返して均等に火を通して。

おすすめ副菜

ゆで豚はシンプルに豚肉をゆでただけ。濃い味の副菜を合わせるといいでしょう。和風、洋風どちらにも合います。

イロドリ副菜
にんじんとひじきの炒め煮 ➡P76

しみじみ副菜
自家製メンマ ➡P129

ゆで豚を使って **アレンジ**

1回分(60g)

＼電子レンジでできる本格味！／

ゆで豚の角煮風
5分 / 234kcal

●材料（1回分）
ゆで豚	60g
チンゲン菜	¼株
練り辛子	少々
A　水	大さじ1
しょうゆ、砂糖、みりん、酒	各大さじ½
片栗粉	小さじ1

●作り方
1　ゆで豚は2cmの角切り、チンゲン菜は長さを半分に切る。
2　耐熱容器にA、1を入れる。ふんわりとラップをして電子レンジ（600W）で1〜2分加熱し、練り辛子を添える。

＼ごまだれは豚肉にも合う！／

ゆで豚のバンバンジー風
5分 / 230kcal

●材料（1回分）
ゆで豚	60g
きゅうり	⅓本
塩	少々
A　ごまドレッシング（市販）	大さじ1
ラー油	少々

●作り方
1　きゅうりはめん棒などでたたいて一口大に割って、塩をふる。
2　ゆで豚は薄切りにしてから細切りにする。
3　2に、水けを拭いた1を添え、混ぜ合わせたAをかける。

＼甘くてコクのあるソースで！／

ゆで豚のトンテキ
10分 / 240kcal

●材料（1回分）
ゆで豚	60g
キャベツ（せん切り）	適量
A　しょうゆ、みりん、ウスターソース、はちみつ	各大さじ½
おろしにんにく	少々

●作り方
1　ゆで豚は1cm厚さに切る。
2　アルミホイルに1を並べ、混ぜ合わせたAをかける。オーブントースターで4〜5分焼き色がつくまで焼く。キャベツを添える。

1 主菜　肉／ゆで豚、アレンジ

| しみじみ副菜 | 大根の千枚漬け風 ➡P122

| イロドリ副菜 | かぼちゃのレモン煮 ➡P88

| 主食 | ツナそぼろおにぎり（➡P155） 2個に青じそ2枚を巻く。

最後にたれをからめるだけ！

豚肉のしょうが焼き

定番のしょうが焼きは豚肉を漬け込まないので短時間で完成

10分 / 245kcal / 冷蔵3日 / 冷凍1か月

●材料（6回分）

豚ロース薄切り肉（しょうが焼き用）
　……………… 18枚（400g）
小麦粉 …………………… 適量
サラダ油 ………………… 大さじ2

A
　しょうゆ、酒 ………… 各大さじ3
　砂糖、しょうがの絞り汁 … 各大さじ2

●作り方

1　豚ロース薄切り肉は広げて、両面に茶こしで小麦粉を薄くまぶす。Aは混ぜておく。

2　フライパンにサラダ油を強火で熱し、1を1枚ずつ広げて両面をこんがり焼く。

3　キッチンペーパーで油を拭き取り、Aを加えて照りが出るまで炒め合わせる。

ラクテク！ 下味をつけずにさっと焼けば時短に！

おすすめ副菜

豚肉のしょうが焼きは、まろやかな甘辛しょうゆ味。和風の煮物や漬物などの副菜を合わせて、和風弁当にまとめて。

| イロドリ副菜 | キャベツの博多漬け ➡P95

| しみじみ副菜 | 昆布とさつまいもの煮物 ➡P136

しょうが焼き バリエ

豚肉の梅しょうが焼き

甘ずっぱい梅干しで！

15分 / 238kcal / 冷蔵2日 / 冷凍1か月

●材料（6回分）
- 豚こま切れ肉……400g
- 片栗粉……大さじ2
- サラダ油……大さじ2
- A
  - 梅干し……2個（20g）
  - しょうゆ……大さじ1½
  - みりん、しょうがの絞り汁……各大さじ1
  - 酒……大さじ3

●作り方
1. 豚こま切れ肉に片栗粉を混ぜ、一口大に丸める。Aの梅干しは種を除いて包丁でたたき、調味料と混ぜる。
2. フライパンにサラダ油を熱し、1の豚肉を並べて全面をこんがり焼き、Aを加えて照りが出るまで炒め合わせる。

鶏肉のみそしょうが焼き

トロッとしたたれがおいしい！

10分 / 274kcal / 冷蔵3日 / 冷凍1か月

●材料（6回分）
- 鶏もも肉……2枚
- 片栗粉……適量
- サラダ油……大さじ2
- A
  - 酒……大さじ4
  - みそ、しょうがの絞り汁……各大さじ2
  - しょうゆ、砂糖……各大さじ1

●作り方
1. 鶏もも肉は一口大に切って片栗粉をまぶす。Aは混ぜておく。
2. フライパンにサラダ油を熱して1の両面をこんがりと焼く。Aを加えて照りが出るまで炒め合わせる。

かつおのピリ辛しょうが焼き

お刺身をアレンジ！

15分 / 171kcal / 冷蔵2日 / 冷凍1か月

●材料（6回分）
- かつお（刺身用）……2本（400g）
- 赤唐辛子（小口切り）……½本分
- 塩……少々
- 小麦粉……大さじ2
- サラダ油……大さじ2
- A
  - ポン酢しょうゆ……大さじ4
  - 砂糖、しょうがの絞り汁……各大さじ1
- 青じそ……適量

●作り方
1. かつおは1cm厚さに切って、塩をふって小麦粉を薄くまぶす。
2. フライパンにサラダ油を熱し、赤唐辛子と1を入れて両面をこんがり焼く。Aを加えて照りが出るまで炒め合わせ、青じそを添える。

1 主菜／肉／豚肉のしょうが焼き、バリエ

[主食]
たくあんとじゃこの混ぜご飯
➡P157

[イロドリ副菜]
小松菜と桜えびの
炒め物 ➡P97

[しみじみ副菜]
ねぎとわかめの
しょうが炒め ➡P128

包丁を使わない
からラクチン！

豚こまともやしの炒め物

炒め物はささっとできるのが魅力。作りおいてもおいしい秘訣は下味にあり！

5分 / 228kcal / 冷蔵3日 / 冷凍1か月

●材料（6回分）
- 豚こま切れ肉 …………… 400g
- 万能ねぎ ………………… 10本
- もやし …………………… 2袋
- サラダ油 ……………… 大さじ2
- A [酒、片栗粉 … 各大さじ1
      塩 …………………… 少々]
- B [しょうゆ、酢 … 各大さじ1
      塩、鶏がらスープの素
      （顆粒）…… 各小さじ½
      こしょう …………… 少々]

●作り方
1. 豚こま切れ肉はAをもみ込む。Bは混ぜておく。
2. 万能ねぎはキッチンばさみで3cm長さに切ってもやしと混ぜ合わせる。
3. フライパンにサラダ油を強火で熱し、1の豚肉を炒める。焼き色がついたら2を加えてさっと炒め、Bを加えて炒め合わせる。

ラクテク！ 細長い野菜ははさみで切るのがラクチン！

おすすめ副菜

豚こまともやしの炒め物は、中華風の味つけ。香味野菜やごま油を使った副菜がぴったりです。

[イロドリ副菜]
ズッキーニと桜えびの
ジョン ➡P104

[しみじみ副菜]
しょうがじょうゆ豆
➡P140

炒め物 バリエ

ちぎりキャベツの回鍋肉（ホイコーロー）

〉甘みそ味の定番おかず！

10分 / 240kcal / 冷蔵3日 / 冷凍1か月

●材料（6回分）
- 豚こま切れ肉……400g
- キャベツ……½個（400g）
- ごま油……大さじ2
- 赤唐辛子（小口切り）……½本分
- A｜酒、小麦粉……各大さじ1
- 　｜しょうゆ……小さじ1
- B｜しょうゆ、酒、テンメンジャン……各大さじ1
- 　｜塩……小さじ⅓

●作り方
1. キャベツは一口大にちぎる。豚こま切れ肉はAをもみ込む。
2. フライパンにごま油を強火で熱して1の豚肉を炒め、焼き色がついたら赤唐辛子、1のキャベツを加えて炒め、混ぜ合わせたBを加えて炒め合わせる。

豚肉のケチャップ炒め

〉子どもが大好きな味！

10分 / 246kcal / 冷蔵3日 / 冷凍×

●材料（6回分）
- 豚こま切れ肉……400g
- ミックスベジタブル（冷凍）……100g
- サラダ油……大さじ2
- A｜塩……少々
- 　｜酒、小麦粉……各大さじ1
- B｜トマトケチャップ……大さじ3
- 　｜酒、水……各大さじ2
- 　｜しょうゆ……大さじ1
- 　｜砂糖……大さじ½
- 　｜こしょう……少々

●作り方
1. 豚こま切れ肉にAをもみ込む。
2. フライパンにサラダ油を強火で熱し、1を炒める。焼き色がついたらB、凍ったままのミックスベジタブルを加えて照りが出るまで炒め合わせる。

豚肉と長ねぎの焼き鳥風炒め

〉長ねぎをこんがり焼いて！

15分 / 249kcal / 冷蔵3日 / 冷凍1か月

●材料（6回分）
- 豚こま切れ肉……400g
- 長ねぎ……3本
- サラダ油……大さじ2
- A｜酒、片栗粉……各大さじ1
- 　｜塩……少々
- B｜しょうゆ、砂糖、酒、水……各大さじ2
- 七味唐辛子……少々

●作り方
1. 長ねぎは3cm長さに切る。豚こま切れ肉はAをもみ込む。
2. フライパンにサラダ油を強火で熱して1を炒める。長ねぎに焼き色がついたら、Bを加えて照りが出るまで炒め、七味唐辛子をふる。

1 主菜　肉／豚こまともやしの炒め物、バリエ

野菜の肉巻き

15分 / 234 kcal

野菜がたっぷり摂れるうれしい一品！　薄切り肉なら冷めてもやわらかい♪

●材料（6回分）
- 牛もも薄切り肉 …………… 18枚
- にんじん …………………… 1本
- さやいんげん ……………… 18本
- 油揚げ ……………………… 2枚
- 塩 …………………………… 少々
- 小麦粉 ……………………… 適量
- サラダ油 ………………… 大さじ2
- A［しょうゆ、砂糖、酒、水 …………… 各大さじ3］

●作り方

1. にんじんはせん切り、さやいんげんはすじを取って半分の長さに切る。一緒にラップに包んで電子レンジ（600W）で2分加熱して粗熱をとる。油揚げは細切りにする。

2. 牛もも薄切り肉は広げて塩をふり、小麦粉をまぶし、1をのせて巻く。これを18本作る。

3. フライパンにサラダ油を熱し、2の巻き終わりを下にして、底に焼き色がつくまで2分ほど焼く。

4. 転がしながら全体を焼いて、余分な油をキッチンペーパーで拭く。Aを加えて照りが出るまで煮る。

ラクテク！ 固い野菜は電子レンジで加熱しておけば時短に！

保存の名人アドバイス

冷蔵 3日
保存容器に入れて冷蔵。お弁当箱の大きさにもよるが、半分に切っておくとつめやすい。

冷凍 1か月
半分に切って1本分ずつラップに包み、冷凍用保存袋に入れて冷凍。

+1で味ガエ！

+ **マヨネーズ** 甘じょっぱい味の肉巻きには、間違いなく合う調味料。

+ **七味唐辛子** ひとふりでピリッとした辛みをプラスできる。大人向けのおかずに。

おすすめ副菜

牛肉の野菜巻きは、野菜たっぷりで甘辛味。黄色い副菜や、酸味のある味つけの副菜を合わせるのがオススメ。

イロドリ副菜 パプリカとちくわのきんぴら ➡P84

しみじみ副菜 豆もやしのヤムウンセン ➡P119

1 主菜

肉／野菜の肉巻き

> 野菜モリモリ
> ヘルシーな
> 甘辛おかず！

しみじみ副菜
きのこといんげんの
オイスターソース炒め
➡P131

主食
五穀米ご飯160gを
つめる。

すきまうめ
みょうがの
ピクルス ➡P110

イロドリ副菜
かにかまとねぎの卵焼き
➡P72

47

肉巻き バリエ

じゃがマヨカレー肉巻き
冷凍のフライドポテトを使って！

10分 / 355kcal / 冷蔵3日 / 冷凍×

●材料（6回分）
- 豚ロース薄切り肉 …… 18枚
- 冷凍フライドポテト（市販） …… 300g
- 塩 …… 少々
- オリーブ油 …… 大さじ2
- パセリ（みじん切り） …… 適量
- A[マヨネーズ …… 大さじ3
    カレー粉 …… 小さじ1]

●作り方
1. 豚ロース薄切り肉を広げて、混ぜ合わせたAを塗る。フライドポテトを凍ったままのせて巻く。これを18本作る。
2. フライパンにオリーブ油を熱し、1の巻き終わりを下にして、底に焼き色がつくまで2分ほど焼く。
3. 転がしながら全体に焼き色がついたら、2分ほど蒸し焼きにする。塩で味を調えて、パセリをふる。

ポイント！ 冷凍のフライドポテトで子ども受け抜群！

パプリカチーズ肉巻き
とろっとジューシーな仕上がり！

15分 / 275kcal / 冷蔵2日 / 冷凍×

●材料（6回分）
- 牛もも薄切り肉 …… 18枚
- パプリカ（赤） …… 小2個
- スライスチーズ …… 9枚
- 塩、粗びき黒こしょう …… 各少々
- サラダ油 …… 大さじ2
- A[塩 …… 小さじ1
    こしょう …… 少々]

●作り方
1. パプリカは5mm幅の細切りにする。スライスチーズは半分に切る。牛もも薄切り肉を広げてAをふり、パプリカ、チーズをのせて巻く。これを18本作る。
2. フライパンにサラダ油を熱し、1の巻き終わりを下にして、底に焼き色がつくまで2分ほど焼く。
3. 転がしながら全体を焼いて、塩で味を調え、粗びき黒こしょうをふる。

1 主菜 — 肉／肉巻きバリエ

えのきの梅しそ肉巻き
シャキシャキのえのきがぴったり！

10分 / 216kcal / 冷蔵2日 / 冷凍✕

●材料（6回分）
- 豚ロース薄切り肉……18枚
- 青じそ……18枚
- えのきだけ……3袋（300g）
- 練り梅……大さじ3
- 塩……少々
- ごま油……大さじ2
- 白いりごま……大さじ½

●作り方
1. えのきだけは根元を落とす。豚ロース薄切り肉は広げ、1枚につき練り梅小さじ½を塗って青じそ、えのきだけをおいて巻く。これを18本作る。
2. フライパンにごま油を熱し、1の巻き終わりを下にして、底に焼き色がつくまで2分ほど焼く。
3. 転がしながら全体を焼いて1分蒸し焼きにする。塩で味を調え、白いりごまをふる。

厚揚げの肉巻き
食べごたえナンバーワン肉巻き！

10分 / 251kcal / 冷蔵2日 / 冷凍✕

●材料（6回分）
- 牛もも薄切り肉……18枚
- 厚揚げ……2枚
- 塩、こしょう……各少々
- 小麦粉……適量
- ごま油……大さじ2
- 焼き肉のたれ（市販）……大さじ4

●作り方
1. 厚揚げは1個を縦9等分に切る。牛もも薄切り肉を広げて塩、こしょうをふり、厚揚げをのせて巻く。これを18本作って、薄く小麦粉をふる。
2. フライパンにごま油を熱し、1の巻き終わりを下にして、底に焼き色がつくまで2分ほど焼く。
3. 転がしながら全体を焼いて余分な油をキッチンペーパーで拭き、焼き肉のたれを加えて炒め合わせる。

主食
ご飯160gに
柴漬け適量をのせる。

しみじみ副菜
しらたきのたらこ煮 ➡P133

イロドリ副菜
にんじんとひじきの
炒め煮 ➡P76

ごぼうを切ったら
鍋で煮るだけ！

牛肉とごぼうのしぐれ煮

甘辛な味つけでご飯が進む！　ごぼうの食感としょうがの香りで止まらないおいしさ

15分 / 217kcal / 冷蔵3日 / 冷凍1か月

● 材料（6回分）

牛切り落とし肉 …… 300g
ごぼう ……… 1本（180g）
しょうが ……… 3片（30g）

A
- しょうゆ …… 大さじ3
- はちみつ …… 大さじ2
- 酒、水 …… 各65㎖

● 作り方

1. ごぼうは包丁で皮をこそげて、ピーラーで5cmほどの長さにむいて、5分ほど水にさらして水けをきる。しょうがはせん切りにする。

   ラクテク！ ささがきができなくても、ピーラーなら簡単！

2. 鍋にAを煮立て、牛切り落とし肉、水けをきった1のごぼう、しょうがを加える。

3. 2が煮立ったらアクを取り、中弱火で10分ほど、煮汁がなくなるまで煮る。

おすすめ副菜

牛肉とごぼうのしぐれ煮は、しょうゆ味の主菜。副菜には野菜が摂れるもの、さっぱりした味のものを。

イロドリ副菜
ミニトマトと
さやえんどうのおひたし
➡P81

しみじみ副菜
白菜のコールスロー
➡P121

牛肉とごぼうのしぐれ煮を使って **アレンジ**

1回分（100g）

1 主菜

肉／牛肉とごぼうのしぐれ煮、アレンジ

＼中からチーズがとろり！／

牛肉のいなり焼き

5分 / 292kcal

●材料（1回分）
牛肉とごぼうのしぐれ煮
　……… 約100g
油揚げ ……… 1枚
ピザ用チーズ … 小さじ1

●作り方
1 油揚げは半分に切って袋状に開く。牛肉とごぼうのしぐれ煮、ピザ用チーズを混ぜ、油揚げに等分に詰める。
2 1をアルミホイルにのせて、オーブントースターで焼き色がつくまで2〜3分焼く。

＼ほんのり甘い卵が合う！／

牛肉の柳川風

5分 / 302kcal

●材料（1回分）
牛肉とごぼうのしぐれ煮
　……… 約100g
さやえんどう ……… 1枚
A ┌ 卵 ……… 1個
　│ みりん … 小さじ½
　└ 塩 ……… 少々

●作り方
1 耐熱容器に牛肉とごぼうのしぐれ煮、混ぜ合わせたAを入れ、ふんわりとラップをかけ、電子レンジ（600W）で1〜2分加熱する。
2 ゆでたさやえんどうの細切りを散らす。

＼玉ねぎを足すだけで簡単！／

速攻牛丼

5分 / 580kcal

●材料（1回分）
牛肉とごぼうのしぐれ煮
　……… 約100g
玉ねぎ ……… ¼個
めんつゆ（ストレート）
　……… 大さじ1
ご飯 ……… 200g
紅しょうが ……… 適量

●作り方
1 玉ねぎは4等分のくし形切りにする。耐熱容器に牛肉とごぼうのしぐれ煮、めんつゆを入れてふんわりラップをかけ、電子レンジ（600W）で2〜3分加熱する。
2 ご飯を盛り、1をのせて紅しょうがをのせる。

＼調味料をからめるだけ！／

牛肉の七味マヨ焼き

5分 / 248kcal

●材料（1回分）
牛肉とごぼうのしぐれ煮
　……… 約100g
マヨネーズ … 小さじ1
七味唐辛子 ……… 適量

●作り方
1 アルミカップに牛肉とごぼうのしぐれ煮をのせ、マヨネーズを絞る。
2 1をオーブントースターで、2〜3分焼き、七味唐辛子をふる。

焼き肉

香味野菜たっぷりの自家製だれでジューシーに！　野菜もたっぷり食べられる主菜です

⏱20分　228kcal

● 材料（6回分）

牛もも肉（焼き肉用）	18枚（400g）
玉ねぎ	2個
パプリカ（赤・黄）	各½個
小麦粉	適量
塩	少々
ごま油	大さじ2

A
- おろし玉ねぎ……大さじ2
- しょうゆ……大さじ2
- 酒、砂糖……各大さじ1
- おろししょうが、おろしにんにく……各小さじ½
- こしょう……少々

● 作り方

1. 玉ねぎは1cm厚さの輪切りにする。パプリカはくし形切りにする。

2. 牛もも肉は薄く小麦粉をまぶす。Aは混ぜておく。

3. フライパンにごま油小さじ1を熱し、1を炒めて火が通ったら塩をふって取り出す。

4. 残りのごま油を足して、2の牛肉を炒める。両面に焼き色がついたらAを加えて照りが出るまで炒め合わせる。

ラクテク！ 野菜はシンプルに塩だけで。水分が出にくい。

保存の名人アドバイス

冷蔵 3日
保存容器に入れて冷蔵。野菜と肉を分けて入れておくとよい。

冷凍 1か月
肉、野菜をそれぞれラップに包み、冷凍用保存袋に入れて冷凍。味が混ざらず使う分だけ取り出せる。

+1で味ガエ！

＋白すりごま
コクが加わって、ますますご飯が進む味に。おつまみにも◎。

＋レモン汁
ちょっと飽きてきたころにオススメ。さっぱりといただける。

おすすめ副菜

焼き肉は甘辛いたれがしみてご飯がすすむ主菜。野菜も摂れるので、好みの食材でさっぱりした味のものを加えればOK。

イロドリ副菜
うずらの卵とミニトマトのゆかり酢 →P75

しみじみ副菜
レモンポテトサラダ →P112

1 主菜

肉／焼き肉

イロドリ副菜
ズッキーニと桜えびのジョン ➡P104

イロドリ副菜
スナップえんどうと
にんじんのきんぴら ➡P106

すきまうめ
パプリカとかぶの
ピクルス ➡P110

自家製だれが
よくからむ！

主食
ご飯160gの上に、
焼き肉をのせる。

焼き肉を使って

アレンジ

1回分（肉3枚）

焼き肉が洋食になるびっくりアレンジ！

クイック ハッシュドビーフ

3分 / 244kcal

●材料（1回分）
焼き肉の肉‥‥‥‥‥‥‥‥ 3枚
焼肉の玉ねぎ‥‥‥‥‥‥‥ 60g
パセリ（みじん切り）‥‥‥‥ 少々
A [トマトケチャップ‥‥‥ 大さじ½
　 バター‥‥‥‥‥‥‥‥ 小さじ1

●作り方
1 耐熱容器に、焼き肉、玉ねぎ、Aを入れて電子レンジ（600W）で2分加熱する。パセリをふる。

焼き肉のサテソース

5分 / 264kcal

●材料（1回分）
焼き肉の肉‥‥‥‥‥‥‥‥ 3枚
焼き肉のパプリカ‥‥‥‥‥ 30g
万能ねぎ（小口切り）‥‥‥‥ 少々
サラダ菜‥‥‥‥‥‥‥‥‥ 1枚
A [ピーナッツバター‥‥‥ 大さじ½
　 サラダ油‥‥‥‥‥‥‥ 小さじ¼
　 しょうゆ、豆板醤‥‥‥ 各少々

●作り方
1 アルミホイルに、焼き肉、パプリカを並べ、合わせたAを塗る。

2 1をオーブントースターで3分ほど焼き、サラダ菜と一緒に盛り、万能ねぎを散らす。

ピーナッツの濃厚ソースをかけて！

1 主菜 肉／焼き肉アレンジ

焼き肉のサルサ仕立て

ペッパーソースでピリ辛に仕上げて！

5分 / 236 kcal

●材料（1回分）

焼き肉の肉	3枚
キャベツ	¼枚
ミニトマト	2個
A　玉ねぎ（みじん切り）	大さじ½
パセリ（みじん切り）	少々
フレンチドレッシング（市販）	大さじ½
ペッパーソース	少々

●作り方

1. 焼き肉は電子レンジ（600W）で1分加熱する。
2. ミニトマトは4つ割りにしてAと混ぜる。
3. キャベツはせん切りにして敷き、1をのせて2をかける。

キムパ

焼き肉を使えば味つけいらず！

5分 / 572 kcal

●材料（1回分）

焼き肉の肉	3枚
きゅうり	¼本
たくあん	2枚
ご飯	200g
焼きのり	1枚
ごま油	小さじ½
塩	少々
白いりごま	適量

●作り方

1. きゅうりとたくあんはせん切りにする。焼き肉は電子レンジ（600W）で40秒加熱する。
2. ラップを敷いて焼きのりをのせ、ごま油を塗って塩をふり、ご飯を広げる。手前に1をのせて、手前から巻く。一口大に切って白いりごまをふる。

鮭のオイル焼き

油でコーティングすれば冷めてもジューシー！ 塩をふった生鮭でも作れます

15分 / 90kcal

●材料（6回分）
- 甘塩鮭 ………………… 3切れ
- 酒 ……………………… 大さじ½
- サラダ油 ……………… 大さじ½

●作り方
1. 甘塩鮭は4等分に切って酒をふる。3分ほどおいたら、サラダ油をまぶしてアルミホイルに並べる。
2. 1をオーブントースターで5〜6分焼く。

下味冷凍！ 酒と油をまぶしてから冷凍。冷蔵庫で解凍して焼く。

ラクテク！ オーブントースターならほっとくだけでOK！

保存の名人アドバイス

冷蔵 4日
保存容器に入れて冷蔵。密閉できる容器に入れて、身がパサパサになるのを防いで。

冷凍 1か月
酒と油をふって1回分ずつラップに包み、冷凍用保存袋に入れて冷凍。前日に冷蔵庫で自然解凍。

+1で味ガエ！

+青のり 海の香りが鮭にぴったり。パサパサしないように少量をかけて。

+白いりごま 香ばしく、上品な仕上がりに。焼く前にふりかけるとより香ばしい。

おすすめ副菜

鮭のオイル焼きは、塩味でシンプルな主菜。副菜でバリエーションを出すために、緑や赤、黄色のおかずを選びましょう。

イロドリ副菜 パプリカとかぼちゃの揚げびたし ➡P85

しみじみ副菜 れんこんと枝豆の明太マヨ ➡P127

1 主菜

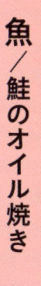

魚／鮭のオイル焼き

調味料を
まぶして
焼くだけ！

主食
ご飯160gの上に青じそ1枚、鮭のオイル焼きをのせる。

しみじみ副菜
きんぴらごぼう ➡ P124

イロドリ副菜
じゃこと青のりの卵焼き ➡ P72

鮭のオイル焼きを使って

アレンジ

1回分(2切れ)

鮭のちゃんちゃん焼き

5分 / 183kcal

●材料(1回分)
- 鮭のオイル焼き……… 2切れ
- 長ねぎ……………… 5cm
- しめじ……………… 1/3袋
- A
  - バター……………… 5g
  - 酒、みりん………… 各小さじ1
- B
  - みそ………………… 大さじ1/2
  - 砂糖………………… 小さじ1

●作り方
1. 長ねぎは斜め切りにする。しめじは根元を落とす。
2. 耐熱容器に1、鮭を入れてAをのせ、ふんわりラップをして1〜2分加熱する。Bを加えて混ぜる。

レンジで簡単郷土料理！

鮭の南蛮漬け

5分 / 168kcal

●材料(1回分)
- 鮭のオイル焼き……… 2切れ
- 玉ねぎ……………… 1/6個
- パプリカ(赤)………… 1/8個
- A
  - 酢、だし汁………… 各大さじ1 1/2
  - しょうゆ、砂糖…… 各大さじ1
  - 赤唐辛子(小口切り)… 1/4本

●作り方
1. 玉ねぎは薄切り、パプリカは細切りにする。Aは混ぜておく。
2. 耐熱容器に1の野菜、鮭の順にのせてAをかけ、ふんわりラップをして、電子レンジ(600W)で、1〜2分加熱してそのまま冷ます。

甘ずっぱいたれをからめて

1 主菜

魚／鮭のオイル焼きアレンジ

\ コーンの甘さがポイント！ /

鮭のコーン焼き

5分 / 152 kcal

●材料（1回分）
鮭のオイル焼き……………… 2切れ
A [ホールコーン缶、マヨネーズ
　　………………………… 各小さじ2]

●作り方
アルミホイルに鮭のオイル塩焼きを並べ、混ぜ合わせたAを等分にのせて、オーブントースターで2～3分こんがりと焼く。

\ レモンの香りで食欲アップ！ /

鮭のレモンムニエル

5分 / 128 kcal

●材料（1回分）
鮭のオイル焼き……………… 2切れ
レモン（輪切り）……………… 1枚
バター………………………… 5g
パセリ（みじん切り）………… 少々

●作り方
1 耐熱容器に鮭のオイル焼きを並べ、レモン、バターをのせてふんわりラップをかける。
2 電子レンジ（600W）で1分加熱して、パセリをふる。

かじきの漬け焼き

⏱10分 188kcal

週末に漬けて冷凍しておけば便利なおかず！　使う分だけ解凍して

●材料（6回分）
- めかじき……………6切れ
- A
  - しょうゆ………大さじ2
  - 酒、みりん……各大さじ1
  - サラダ油………大さじ2

●作り方
1. ボウルにAを混ぜ合わせ、めかじきを漬けて、冷蔵庫で30分以上おく。
2. フライパンを熱し、汁けをきった1を入れて弱火で焼く。
3. 2に焼き色がついたら裏返して、5分ほど蒸し焼きにする。

下味冷凍！ 調味料に漬け込んで冷凍。週末のまとめ仕込みに。

保存の名人アドバイス

冷蔵 2日
保存容器に入れて冷蔵。密閉容器に入れて、身がパサパサになるのを防いで。

冷凍 1か月
冷凍用保存袋に入れて、くっつかないように冷凍。使う分だけ取り出して、冷蔵庫で解凍して。

+1で味ガエ！

＋かつお節　ひとふりで魚の風味とうまみがアップします。

＋ピザ用チーズ　熱いうちにチーズをのせるだけ。しょうゆとチーズは相性バツグン。

おすすめ副菜

かじきの漬け焼きは、しょうゆ味のおかずですが、和風の副菜だけでなく洋風にもぴったり。マリネやあえ物を。

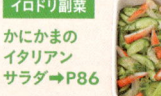

イロドリ副菜 かにかまのイタリアンサラダ→P86

しみじみ副菜 じゃがいもといんげんのツナあえ→P113

主食
生ハム＆レタスサンド ➡ P169

しみじみ副菜
根菜のトマト煮 ➡ P126

漬け込み冷凍で
いつでも使える！

イロドリ副菜
かぼちゃのレモン煮 ➡ P88

1 主菜

魚／かじきの漬け焼き

漬け焼きバリエ

豚肉の青じそ漬け焼き

青じそとレモンでWさっぱり！

10分 / 120kcal / 冷蔵3日 / 冷凍1か月

● 材料（6回分）
- 豚ヒレ肉 …… 400g
- レモン（輪切り） …… 3枚
- 青じそ …… 8枚
- A [塩 …… 小さじ1 / こしょう …… 少々 / 酒、オリーブ油 …… 各大さじ2]

● 作り方
1. 豚ヒレ肉は1cm厚さに切る。青じそはせん切りにする。
2. ボウルにA、レモン、1の青じそを混ぜ合わせ、1の豚肉を漬けて冷蔵庫で30分以上おく。
3. フライパンを熱し、2を入れて中火で両面こんがり焼く。

豚肉のピリ辛漬け焼き

シンプルなピリ辛しょうゆ味

10分 / 228kcal / 冷蔵3日 / 冷凍1か月

● 材料（6回分）
- 豚こま切れ肉 …… 400g
- A [赤唐辛子（小口切り） …… ½本分 / しょうゆ、酒、ごま油 …… 各大さじ2 / みりん …… 大さじ1½ / 片栗粉 …… 小さじ1]

● 作り方
1. ボウルにAを混ぜ合わせ、豚こま切れ肉を漬けて冷蔵庫で30分以上おく。
2. フライパンを熱し、1を入れて汁けがなくなるまで炒める。

さわらのレモン漬け焼き

定番ゆずの代わりにレモンで！

10分 / 132kcal / 冷蔵2日 / 冷凍1か月

●材料（6回分）
さわら……………………3切れ
A ┌ レモン（輪切り）……………3枚
　│ しょうゆ、サラダ油…各大さじ1
　└ 酒、みりん…………各大さじ½

●作り方
1. さわらは1切れを4等分に切る。
2. ボウルにAを混ぜ合わせ、1を漬けて冷蔵庫で30分以上おく。
3. フライパンを熱し、汁けをきった1を皮目から弱火で両面焼き、こんがりと焼き色がついたら、5分ほど蒸し焼きにする。

ポイント！ レモンは苦みが出るので、翌日には取り除いて。

1 主菜

魚／漬け焼きバリエ

鮭のオニオン漬け焼き

洋風レシピも漬け焼きでジューシーに！

10分 / 102kcal / 冷蔵2日 / 冷凍1か月

●材料（6回分）
生鮭……………………3切れ
玉ねぎ…………………⅛個
A ┌ 白ワイン、オリーブ油…各大さじ1
　│ 塩………………………小さじ½
　└ こしょう…………………少々

●作り方
1. 生鮭は1切れを4等分に切り、玉ねぎは薄切りにする。
2. ボウルにAを混ぜ合わせ、1を漬けて冷蔵庫で30分以上おく。
3. フライパンを熱し、汁けをきった2を入れて中火で両面をこんがり焼く。

えびフライ

⏱20分 / 240 kcal

お弁当にあるとうれしい揚げ物おかず！　下ごしらえの手間を減らしてラクラク♪

●材料（6回分）
- えび（殻つき） …… 18尾
- パン粉 …………… 適量
- 揚げ油 …………… 適量
- A
  - 卵 ……………… 2個
  - 小麦粉 ………… 大さじ5
  - サラダ油 ……… 大さじ1
  - 塩 ……………… 小さじ2/3
  - こしょう ……… 少々
- 中濃ソース ……… 適量

●作り方

1. えびは尾を残して殻をむいて、背わたを取る。腹側に3か所切り目を入れて、手でつぶして身をまっすぐにする。Aを混ぜておく。

2. 1のえびをAにくぐらせて、パン粉をまぶす。

3. 170℃の揚げ油に2を入れ、3〜4分ほどカラッと揚げる。好みで中濃ソースを添える。

> ラクテク！ Aだけで、味つけ、小麦粉、卵がひとつに！

保存の名人アドバイス

冷蔵 2日
保存容器に入れて冷蔵。食べるときはオーブントースターで加熱して。

冷凍 1か月
ラップに包み、冷凍用保存袋に入れて冷凍。電子レンジで温めてからオーブントースターで。

+1で味ガエ！

+ **マヨネーズ** タルタルソースのようにマヨネーズをかけてまろやかに。

+ **ポン酢しょうゆ** 下味がついているので、さっぱりするポン酢を少したらしても。

おすすめ副菜

えびフライは、洋風のシンプルな揚げ物。箸休めになるさっぱり副菜や、こってりマヨネーズ系の副菜も合います。

イロドリ副菜
にんじんとレーズンのサラダ ➡P76

しみじみ副菜
れんこんと枝豆の明太マヨ ➡P127

1 主菜

魚／えびフライ

主食
ロールパン2個

衣の手順を
減らして
調理時間短縮！

イロドリ副菜
紫キャベツの
コールスロー ➡P92

イロドリ副菜
タルタルサラダ
➡P74

フライ バリエ

チキンカツ
冷めても固くならない鶏肉で！

15分 / 346kcal / 冷蔵3日 / 冷凍1か月

●材料（6回分）
- 鶏むね肉……2枚
- パン粉、パセリ（みじん切り）……各適量
- 揚げ油……適量
- A
  - 卵……2個
  - 小麦粉……大さじ5
  - サラダ油……大さじ1
  - 塩……小さじ2/3
  - こしょう……少々

●作り方
1 鶏むね肉は1枚を6枚のそぎ切りにする。パン粉にパセリを混ぜ、Aは混ぜておく。
2 1の鶏肉をAにくぐらせ、1のパン粉をまぶす。
3 170℃の揚げ油に2を入れ、3〜4分ほどカラッと揚げる。

コロッケ風フライ
じゃがいもを肉で包んだアイデアレシピ

15分 / 377kcal / 冷蔵3日 / 冷凍✕

●材料（6回分）
- 豚ロース薄切り肉……18枚
- じゃがいも……2個
- 塩、こしょう……各少々
- パン粉……適量
- 揚げ油……適量
- A
  - 卵……2個
  - 小麦粉……大さじ5
  - サラダ油……大さじ1
  - 塩……小さじ2/3
  - こしょう……少々

●作り方
1 じゃがいもは皮をむいて8mm厚さに切り、水で洗って耐熱ボウルに入れる。ふんわりラップをして、電子レンジ（600W）で3〜4分、竹串が通るまで加熱する。豚ロース薄切り肉を広げて、塩、こしょうをふり、じゃがいもをのせて巻く。Aは混ぜておく。
2 1の豚肉をAにくぐらせ、パン粉をまぶす。
3 170℃の揚げ油に2を入れ、3〜4分ほどカラッと揚げる。

えびカツ

少量の豚肉で食べごたえアップ！

15分 / 261kcal / 冷蔵2日 / 冷凍1か月

● 材料（6回分）

むきえび	300g
豚こま切れ肉	100g
小麦粉	適量
パン粉（細かめ）	適量
揚げ油	適量

A
- 片栗粉 … 大さじ1½
- 酒 … 大さじ½

B
- 卵 … 2個
- 小麦粉 … 大さじ5
- サラダ油 … 大さじ1
- 塩 … 小さじ⅔
- こしょう … 少々

● 作り方

1 むきえびと豚こま切れ肉は包丁でよくたたき、Aを混ぜて一口大に丸める。Bは混ぜておく。

2 1のタネをBにくぐらせ、パン粉をまぶす。

3 170℃の揚げ油に2を入れ、3～4分ほどカラッと揚げる。

ポイント！ えびカツは細かいパン粉がオススメです。

ハムカツ

はんぺん入りでお安くかさ増し！

5分 / 221kcal / 冷蔵3日 / 冷凍1か月

● 材料（6回分）

ハム	8枚
はんぺん	2枚
パン粉	適量
揚げ油	適量

A
- 卵 … 2個
- 小麦粉 … 大さじ5
- サラダ油 … 大さじ1
- 塩 … 小さじ⅔
- こしょう … 少々

● 作り方

1 はんぺんは厚さを半分に切って、1枚を十字に4等分に切る。ハムは十字に4等分に切る。ハム2切れではんぺん1切れを挟む。Aは混ぜておく。

2 1をAにくぐらせ、パン粉をまぶす。

3 170℃の揚げ油に2を入れ、3～4分ほどカラッと揚げる。

---

1 主菜

魚／フライバリエ

お弁当便利コラム 1

すきまうめ食材カタログ

お弁当のすきまを埋めるのは、彩り、ずれ防止のために大事なこと。
冷凍できるもの、そのまま入れられるもの、どちらも常備しておくと便利です。

冷凍できる食材

にんじん
\型抜きしても!/

ゆでたにんじんは彩りに大活躍。皮をむいて5mm〜1cm幅に切ってゆでる。

ブロッコリー
小房に分けて塩ゆでしておく。すぐ冷水につけて色止めするのがポイント。

さやえんどう
すじを取って塩ゆでしておく。斜め切りにしておかずに散らしても。

枝豆
塩ゆでしておく。さやごとお弁当に入れるとかさ増しに◎。

とうもろこし
4cm長さに切って縦半分に切ると食べやすい。買って来たらすぐゆでて。

ソーセージ
さっと加熱して入れられて便利。斜め切りなら食べやすく、存在感もアップ。

冷凍法

野菜は
水けをきって、冷凍用保存袋に1切れずつ離すようにして入れて冷凍。ラップに包まなくても1切れずつ取り出せる。

ソーセージは
加熱せずに斜め切りにするか、皮に何本か切り込みを入れておく。冷蔵庫で解凍して、焼くだけでつめられる。

そのまま入れられる食材

ミニトマト
お弁当のすきまうめ代表食材。キレイに洗ってヘタつきのまま入れて。

たくあん
黄色の色味をプラスできる漬物。味が移るので、アルミホイルなどで仕切って。

レモン
黄色の色味とさわやかな酸味をプラス。輪切り、くし形切り、半月切りなど。

キャンディーチーズ
かわいい形で手軽に入れられる食材。3粒でだいたいベビーチーズ1個と同量。

ちくわ
断面がかわいい、おかずにもなる食材。穴にきゅうりやチーズを入れても。

かに風味かまぼこ
赤い色味が足りないときに。丸くて細長いタイプなどいろいろな形がある。

あるとうれしい冷凍食材

パセリ
彩りに！

枝のまま冷凍用保存袋に入れて冷凍。使う分だけ取り出して、手でつぶせばすぐにみじん切りになる。冷凍庫が狭いようなら冷凍保存用の密閉容器で。

フルーツ
デザート＆保冷に！

冷凍用保存袋に入れて冷凍。カットしたパイナップル、ヘタを取ったいちご、ブルーベリーなどが向く。凍ったままお弁当に入れて保冷剤代わりにも。

お弁当便利コラム ②

定番＋αの調味料レシピ

料理によく使う定番の調味料にちょい足しでマンネリ解消！

しょうゆ 大さじ1

＋ 七味唐辛子 小さじ½
甘くないピリ辛味なので、お弁当おかずのなかで際立つ味つけに。
合う食材：・鶏肉 ・玉ねぎ ・かぼちゃ

＋ 白すりごま 小さじ1
ごまのコクが出て、野菜のあえ物などに合います。
合う食材：・ほうれん草 ・大根 ・トマト

＋ バター 小さじ1
ご飯がすすむ味つけ。蒸し料理や炒め料理にも合います。
合う食材：・鮭 ・しめじ ・じゃがいも

マヨネーズ 大さじ1

＋ みそ 小さじ1
野菜のディップにしたり、炒め物に加えてもおいしい。
合う食材：・生野菜 ・たら ・ごぼう

＋ 粒マスタード 小さじ1
おしゃれなソースに。野菜とあえるだけでサラダに。
合う食材：・さつまいも ・豚肉 ・卵

＋ ゆずこしょう 小さじ½
炒め物やあえ物に。塗ってオーブントースターで焼いてもおいしい。
合う食材：・鶏肉 ・キャベツ ・アボカド

トマトケチャップ 大さじ1

＋ マヨネーズ 大さじ1
ハンバーグにソースとしてかけたり、炒め物やサラダにも合います。
合う食材：・豚肉 ・えび ・ブロッコリー

＋ 中濃ソース 大さじ½
お好み焼き風に。かつお節や紅しょうがをプラスしてもいいでしょう。
合う食材：・さやいんげん ・じゃがいも

＋ カレー粉 小さじ1
スパイシーでほんのり甘く、何にでも合います。甘い食材に相性◎。
合う食材：・牛肉 ・なす ・かぼちゃ

2

お弁当に色を添える！
イロドリ副菜

お弁当の彩りになるような副菜のおかず。赤、緑、黄色などのおかずを1つ入れるだけで、お弁当がパッと明るくなります。

10分 / 71kcal / 冷蔵4日 / 冷凍×

少し甘さを加えて冷めてもやわらか！

卵焼き

●材料（6回分）
卵 ……………………………… 3個
サラダ油 ……………………… 適量
A ┃ 砂糖、水 ………… 各大さじ1
　┃ しょうゆ ………… 小さじ2/3
　┃ かつお節 ………………… 少々

●作り方

1 卵は溶きほぐし、Aを加えて混ぜる。

2 卵焼き器にサラダ油を熱し、卵液の1/4量を流し入れて全体に広げて中火で焼き、固まってきたら手前に3つ折りにし、奥に寄せる。

3 2の手前にサラダ油をひいて残りの卵液の1/3量を流し、固まってきたら同様に3つ折りにして奥に寄せる。

4 残りの卵液も2回に分けて3に同様に流し入れて焼き、粗熱がとれたら食べやすい大きさに切る。

卵焼き バリエ

1 かにかまで味と食べごたえUP！

2 スパイシーなオムレツ風！

3 香ばしい和の風味が広がる！

1. かにかまとねぎの卵焼き（75kcal）

●材料と作り方
卵3個、砂糖大さじ1、しょうゆ小さじ2/3、水大さじ1を混ぜる。卵焼き器にごま油適量を熱し、卵液1/4量を入れて焼き、奥にかに風味かまぼこ2本、12cm長さに切った万能ねぎ3本分をのせて卵焼きと同様に焼く。

2. ツナカレー卵焼き（93kcal）

●材料と作り方
ツナ小1/2缶はカレー粉小さじ1/4、マヨネーズ大さじ1/2と混ぜる（A）。卵3個、砂糖大さじ2、水大さじ1、しょうゆ小さじ2/3を混ぜて1/4量を入れて焼き、奥にAをのせて卵焼きと同様に焼く。

3. じゃこと青のりの卵焼き（72kcal）

●材料と作り方
卵3個、砂糖大さじ1、しょうゆ小さじ2/3、塩少々、水大さじ1、ちりめんじゃこ大さじ1、青のり小さじ1を混ぜ、卵焼きと同様に焼く。

2 イロドリ副菜　卵

小さなまろやかキッシュは作りおき向け！

アスパラのキッシュ

⏱10分　74kcal　冷蔵4日　冷凍×

●材料（6回分）
- 卵……………………2個
- グリーンアスパラガス……………………4本
- ロースハム…………2枚
- ピザ用チーズ………30g
- A
  - 牛乳…………大さじ1
  - マヨネーズ…大さじ½
  - こしょう………少々
- サラダ油……………適量

●作り方
1. グリーンアスパラガスは水をつけてラップに包み、電子レンジ（600W）で1分加熱して6等分に切る。ロースハムはざく切りにする。
2. 卵は溶きほぐし、Aを加えてよく混ぜ合わせる。
3. アルミカップにサラダ油を薄く塗り、2、1、ピザ用チーズを入れ、オーブントースターで6〜7分焼く。

味のしみた濃厚な黄身がたまらない

漬け卵

⏱15分　105kcal　冷蔵4日　冷凍×

●材料（6回分）
- 卵（常温にもどす）……………6個
- A
  - だし汁……………150㎖
  - しょうゆ、みりん…各大さじ3

●作り方
1. 鍋にAを入れて煮立て、冷ます。
2. 卵は水から10〜12分固ゆでにし、流水にさらして冷まし、殻をむく。
3. 保存容器に1と2を入れ、冷蔵庫で一晩以上おく。

味ガエ！
- しょうゆ大さじ3 ➡ **みそ大さじ3**
まろやかな甘みそ味に変身。たれはよく混ぜて。

具だくさんで食べごたえアリ

スペイン風オムレツ

●材料（6回分）
卵 …………………… 3個	ズッキーニ
粉チーズ …… 大さじ3	…… 小1本（100g）
じゃがいも	玉ねぎ …………… ¼個
…… 小1個（100g）	オリーブ油 … 大さじ2
	塩、こしょう … 各少々

●作り方
1 卵は溶きほぐし、粉チーズを加えてよく混ぜる。
2 じゃがいもは皮をむいて薄切り、ズッキーニは薄切り、玉ねぎはみじん切りにする。
3 直径20cmのフライパンにオリーブ油大さじ1を熱し、2を入れて3分ほど炒め、塩、こしょうをふって、1に加えて混ぜる。
4 同じフライパンに残りのオリーブ油を足し、3を入れ、半熟状に焼いたら、ふたをして弱火で5分ほど加熱し、裏返してさらに4分ほど焼く。粗熱がとれたら、6等分に切る。

マヨネーズとアスパラの相性はバツグン！

タルタルサラダ

●材料（6回分）
卵（常温にもどす） …………… 2個
グリーンアスパラガス ………… 6本
玉ねぎ …………………………… ¼個
にんじん ………………………… ¼本
A ┌ マヨネーズ ………… 大さじ4
　└ 塩、こしょう ………… 各少々
パセリ（みじん切り） ………… 適量

●作り方
1 グリーンアスパラガスは塩ゆでして斜め切りにする。
2 にんじん、玉ねぎはみじん切りにする。耐熱容器ににんじんを入れ、ラップをして電子レンジ（600W）で1分加熱し、玉ねぎを加えてさらに1分加熱する。
3 卵は水から10〜12分ほどゆでて固ゆでにし、殻をむいて粗みじん切りにして、2、Aと混ぜる。
4 カップに1を入れて3をかけ、好みでパセリを散らす。

2 イロドリ副菜 卵・うずらの卵

すぐでき！

⏱10分 | 53kcal | 冷蔵3日 | 冷凍✕

⏱5分 | 51kcal | 冷蔵4日 | 冷凍✕

コロコロおいしいキュートなミニおかず

ピーマンのファルシ

●材料（6回分）
うずらの卵……… 6個　　塩、こしょう…… 各適量
ピーマン………… 2個　　サラダ油………… 少々
ミックスベジタブル… 100g　トマトケチャップ… 適量

●作り方

1 ピーマンは3等分の輪切りにして種を取る。

2 フライパンにサラダ油を熱して1を並べ、うずらの卵を1個ずつ割り入れてよく焼く。塩をふって取り出す。

3 2のフライパンでミックスベジタブルを炒め、塩、こしょうで味を調える。カップに入れて1をのせ、食べるときに好みでトマトケチャップをかける。

おしゃれ食材
うずらの卵　お弁当にぴったりサイズで、目玉焼きにして添えると楽しい雰囲気に。水煮は野菜と一緒にピックに刺すだけで一品が完成。

ゆかりの香りがうれしいあっさり箸休め

うずらの卵とミニトマトの ゆかり酢

●材料（6回分）
うずらの卵（水煮）… 12個
ミニトマト………… 12個

A｜水………… 100mℓ
　｜酢………… 50mℓ
　｜砂糖……… 大さじ2
　｜ゆかり…… 小さじ2
　｜塩………… 小さじ2/3

●作り方

1 耐熱容器にAを入れて合わせ、ラップをして電子レンジ（600W）で2〜3分加熱して冷ます。

2 保存容器に、ミニトマト、うずらの卵、1を入れ、冷蔵庫で1時間以上なじませる。

保存の名人アドバイス
漬け込み冷蔵　漬け汁に漬けたまま冷蔵。徐々に中まで味がしみて、おいしい。好みのしみ具合になったら漬け汁から出す。

甘ずっぱいレーズンがさわやか
にんじんとレーズンのサラダ

⏱10分 / 97kcal / 冷蔵4日 / 冷凍1か月

●材料（6回分）
にんじん ……………… 2本（400g）
塩 ……………………… 小さじ1
レーズン ……………… 大さじ2
A ┃ オリーブ油、酢 …… 各大さじ4
　┃ 砂糖 ……………… 小さじ2
　┃ こしょう ………… 少々

●作り方
1 にんじんはせん切りにしてボウルに入れ、塩でもみ、3分ほどおく。

2 1の水けを絞り、レーズン、合わせたAを加えて混ぜる。

おしゃれ食材
レーズン
甘さと酸味をプラスできるドライレーズンは保存が利くので便利。マリネ、サラダなど洋風の料理に加えてアクセントに。

おなじみの和惣菜はほっとなごむ味
にんじんとひじきの炒め煮

⏱20分 / 51kcal / 冷蔵4日 / 冷凍1か月

●材料（6回分）
にんじん ……… 1本（200g）
さやえんどう …… 20g
芽ひじき（乾燥）… 20g
油揚げ …………… 1枚
だし汁 …………… 200mℓ
サラダ油 ………… 大さじ½
A ┃ 酒 ………… 大さじ1½
　┃ 砂糖、しょうゆ
　┃ ………… 各大さじ1¼

●作り方
1 にんじんはせん切り、さやえんどうは塩ゆでして斜め切りにする。芽ひじきは水でもどす。油揚げは油抜きして縦半分に切り、5mm幅に切る。

2 鍋にサラダ油を熱し、1のにんじん、芽ひじきを入れて炒め、1の油揚げ、だし汁を加えてひと煮立ちさせる。

3 2にAを加え、かき混ぜながら汁けがなくなるまで煮て、1のさやえんどうを加えて混ぜ合わせる。

2 イロドリ副菜 にんじん

すぐでき！

⏱10分 / 93kcal / 冷蔵4日 / 冷凍1か月

⏱5分 / 115kcal / 冷蔵4日 / 冷凍1か月

青のりの香りと甘〜いコーンがアクセントに
にんじんとコーンのきんぴら

●材料（6回分）
- にんじん……………2本（400g）
- ホールコーン缶……………150g
- サラダ油……………大さじ1½
- 一味唐辛子、青のり……各少々
- A　しょうゆ、みりん……各大さじ2
- 　　塩、こしょう……………各少々

●作り方
1. にんじんは縦¼に切り、細長い乱切りにする。
2. フライパンにサラダ油を熱して1を炒め、缶汁をきったコーンを加え、全体に油が回ったらAを加えて炒め合わせる。一味唐辛子、青のりをふる。

味ガェ！
- サラダ油大さじ1½、青のり少々
→ ごま油大さじ1½、白いりごま少々

ごまの風味たっぷりに仕上げてもおいしい。

炒め野菜＋ドレッシングの温サラダ
にんじんとれんこんのすっぱ炒め

●材料（6回分）
- にんじん……2本（400g）
- れんこん……1本（200g）
- サラダ油………大さじ1
- 中華ドレッシング（市販）……………90㎖
- 白いりごま…………少々

●作り方
1. れんこんはいちょう切りにし、水にさらす。にんじんはれんこんの大きさに合わせ、半月切りかいちょう切りにする。
2. フライパンにサラダ油を熱し、1を炒める。
3. 油が回ったら火を止め、中華ドレッシングを加えて混ぜ、白いりごまをふる。

味ガェ！
- 中華ドレッシング（市販）90㎖
→ フレンチドレッシング（市販）90㎖

フレンチ、和風など、いろいろなドレッシングで試して。

コンソメとバターの香りただようデリ風惣菜

にんじんとスナップえんどうのグラッセ

⏱15分 / 59kcal / 冷蔵4日 / 冷凍1か月

●材料（6回分）
- にんじん ……………… 2本（400g）
- スナップえんどう ……………… 16本
- A ┌ コンソメスープの素（固形）… 1個
    │ 水 ……………………… 200mℓ
    └ バター、砂糖 ………… 各大さじ1

●作り方
1. にんじんは5cm長さのくし形切りにして面取りをする。スナップえんどうはすじを取る。
2. 鍋に1のにんじん、Aを入れ、弱火で5分ほど煮て、1のスナップえんどうを加え、さらに2分ほど煮る。

おしゃれ食材

スナップえんどう
シャキシャキした食感と甘い味わいで、ぷっくりとした形もかわいらしい食材。鮮やかなグリーンが明るい彩りに。

たらこの風味たっぷりでプチプチ食感が楽しい！

にんじんのたらこ炒め

⏱15分 / 73kcal / 冷蔵3日 / 冷凍1か月

●材料（6回分）
- にんじん … 3本（600g）
- たらこ ……………… 1腹
- さやいんげん ……… 4本
- ごま油 ………… 大さじ1
- A ┌ 酒、薄口しょうゆ
    └ ……… 各大さじ1

●作り方
1. にんじんは拍子木切り、さやいんげんはすじを取って斜め切りにする。たらこは薄皮をむく。
2. フライパンにごま油を熱し、1のにんじんを炒め、しんなりしたら1のさやいんげんを加えて炒める。
3. 1のたらこを加えて炒め、たらこの色が変わったらAを加えて炒め合わせる。

ラクテク！

たらこの皮むき
たらこは一度冷凍し、包丁で薄皮に切り目を入れてむくと、するっとむきやすい。

2 イロドリ副菜 にんじん

くるみのコクとハニーマスタードの好相性

にんじんとくるみのサラダ

10分 | 168kcal | 冷蔵4日 | 冷凍1か月

●材料（6回分）
にんじん……2本（400g）
セロリ………………1本
塩……………小さじ1
くるみ………………50g

A｛ オリーブ油 … 大さじ4
　 はちみつ、粒マスタード、酢 … 各大さじ2 ｝

●作り方
1 にんじん、セロリは1cm角に切って塩をふり、5分ほどおく。
2 1の水けを絞り、くるみを粗く砕いて加え、Aを加えて混ぜ合わせる。

味ガエ！
● オリーブ油大さじ4、酢大さじ2
➡ マヨネーズ大さじ4
コクがプラスされ、子どもも好きな味わいに。

甘辛こっくり味でご飯がすすむ！

にんじんとごぼうの炒り鶏

20分 | 152kcal | 冷蔵4日 | 冷凍×

●材料（6回分）
鶏もも肉………………1枚
にんじん……1本（200g）
ごぼう………………10cm
さやえんどう…………6枚
サラダ油……大さじ1

A｛ だし汁…………200㎖
　 砂糖、しょうゆ、酒 …… 各大さじ1½ ｝

●作り方
1 にんじん、ごぼうは同じ大きさの乱切りに、鶏もも肉は一口大にする。
2 さやえんどうはすじを取り、斜め半分に切る。
3 鍋にサラダ油を熱して1を炒め、油が全体に回ったらAを加えて煮立て、アクを取る。
4 材料がやわらかくなったら、かき混ぜながら汁けがなくなるまで煮て、2を加えて混ぜ合わせる。

切り干し大根の食感が楽しいさわやかマリネ風

ミニトマトと切り干し大根のサラダ

⏱15分 / 87kcal / 冷蔵4日 / 冷凍✕

●材料（6回分）
- ミニトマト……………12個
- 切り干し大根…………30g
- きゅうり………………1本
- 塩………………………少々
- A
  - おろし玉ねぎ………¼個分
  - 酢、サラダ油………大さじ3
  - 砂糖…………………小さじ1⅓
  - 塩……………………小さじ⅔
  - こしょう……………少々

●作り方

1. 切り干し大根は水でもどし、しっかり水けを絞ってざく切りにする。きゅうりは薄切りにし、塩をふってしばらくおき、水けを絞る。ミニトマトはヘタを取り、十字に切り込みを入れる。
2. ボウルにAを入れて合わせ、1を加えて混ぜ、冷蔵庫で冷やす。

甘酸っぱいトマト味で冷めてもおいしい！

ミニトマトのラタトゥイユ

⏱20分 / 104kcal / 冷蔵5日 / 冷凍1か月

●材料（6回分）
- ミニトマト……………30個
- ズッキーニ……………小2本（300g）
- 玉ねぎ…………………1個
- にんにく………………1片
- オリーブ油……………大さじ3
- A
  - トマトケチャップ……大さじ4
  - 塩……………………小さじ½
  - こしょう……………少々

●作り方

1. ズッキーニは1.5cm幅のいちょう切りに、玉ねぎは2cm角に切る。ミニトマトはヘタを取り、縦半分に切る。にんにくは包丁の腹でつぶす。
2. 鍋にオリーブ油を熱して1のにんにくを炒める。香りが立ったら、1の玉ねぎ、ズッキーニを加えてさらに炒める。
3. 1のミニトマト、Aを加えてふたをし、5分ほど煮る。水分が出てきたらふたを外し、さらに5～10分ほど煮る。

2 イロドリ副菜 ミニトマト

すぐでき!

5分 / 27kcal / 冷蔵4日 / 冷凍×

トマトと和風のおひたしは意外な好相性

ミニトマトと さやえんどうのおひたし

●材料（6回分）
- ミニトマト………18個
- さやえんどう……12枚
- かつお節…………適量

A
- だし汁………200㎖
- しょうゆ、みりん……各小さじ2
- 塩………小さじ½

●作り方

1 Aはひと煮立ちさせて冷ます。ミニトマトはヘタを取って縦に4〜5か所、浅く切り込みを入れる。さやえんどうはすじを取り、水に通してラップに包み、電子レンジ（600W）で30秒ほど加熱する。

2 保存容器に1を入れ、冷蔵庫で冷やして味をなじませ、好みでかつお節をかける。

保存の名人アドバイス
漬け込み冷蔵
漬け汁に漬けたまま冷蔵。完熟したやわらかいトマトの場合は味がしみたら取り出したほうがよい。

15分 / 87kcal / 冷蔵5日 / 冷凍×

さわやか串刺しマリネは小粋で食べやすい！

ミニトマトとえびの マリネ

●材料（6回分）
- ミニトマト………12個
- むきえび…………12尾
- セロリ……………½本
- レモン……………½個

A
- オリーブ油………大さじ3
- 酢………大さじ1½
- 粒マスタード……大さじ1
- 塩………小さじ½
- こしょう…………少々

●作り方

1 むきえびは塩ゆでし、ザルに上げる。セロリはすじを取り、ミニトマトの大きさに合わせて12切れに切る。レモンは薄切りにする。

2 竹串に1のミニトマト、えび、セロリの順に刺し、保存容器に1のレモンを敷いた上に並べ、合わせたAを回しかけて、1時間ほど漬ける。

なすの辛子あえ

ツ〜ンときいた辛子の風味がヤミツキに！

15分 / 18kcal / 冷蔵5日 / 冷凍1か月

●材料（6回分）
- なす……………… 4本（210g）
- 水………………………… 60㎖
- 塩……………………… 小さじ½
- A
  - しょうゆ………… 大さじ1½
  - 練り辛子………… 小さじ⅔
  - 砂糖……………… ひとつまみ

●作り方
1. なすはヘタを取り、縦半分に切ってから斜め薄切りにする。
2. ボウルに分量の水、塩、1を入れて、10分ほどおいて水けを絞り、Aとあえる。

味ガエ！
- しょうゆ大さじ1½、砂糖ひとつまみ
- ➡ みそ大さじ1½、砂糖、酢各大さじ1

辛子酢みその味つけにしてもぴったり！

マーボーなす

定番ピリ辛中華は汁けを飛ばしてしっかり味に

15分 / 124kcal / 冷蔵4日 / 冷凍1か月

●材料（6回分）
- なす……………… 3本（210g）
- 豚ひき肉………………… 150g
- ごま油………………… 大さじ2
- しょうが（みじん切り）
  ………………………… 小さじ1
- 豆板醤………………… 小さじ½
- A
  - 水………………… 大さじ3
  - 酒、みそ… 各大さじ1
  - 砂糖、しょうゆ
    …………… 各小さじ1½
  - 片栗粉… 大さじ½弱
- 万能ねぎ（小口切り）
  ……………………………… 適量

●作り方
1. なすはヘタを取って乱切りにする。
2. フライパンにごま油を熱してしょうが、豚ひき肉を炒め、豚ひき肉の色が変わったら豆板醤を加えて炒め合わせる。
3. 1のなすを加えて2分ほど蒸し焼きにし、合わせたAを加えて炒め合わせ、好みで万能ねぎを散らす。

2 イロドリ副菜 なす

香味だれのしみ込んだ炒めなすが絶品！

焼きなすの香味漬け

15分 / 75kcal / 冷蔵5日 / 冷凍1か月

●材料（6回分）
- なす……3本（210g）
- しょうが……1片
- 長ねぎ……½本
- サラダ油……大さじ3
- A
  - しょうゆ、酢……各大さじ3
  - 砂糖……小さじ2
  - 赤唐辛子（小口切り）……1本分

●作り方
1. なすはヘタを取って乱切りにする。しょうが、長ねぎはみじん切りにする。
2. フライパンにサラダ油を熱し、1を炒め、熱いうちに合わせたAに漬け込む。

ラクテク！ 赤唐辛子の小口切り
赤唐辛子は合わせた漬けだれの上からキッチンばさみで切って直接加えると、手早く簡単！

なすを相性バツグンのみそでこってり味に

なすとパプリカのみそ炒め

15分 / 91kcal / 冷蔵4日 / 冷凍×

●材料（6回分）
- なす……3本（210g）
- パプリカ（赤）……1個
- サラダ油……大さじ3
- A
  - 砂糖、酒、みそ……大さじ1½
  - しょうゆ……小さじ1½

●作り方
1. なすはヘタを取って乱切り、パプリカも乱切りにする。
2. フライパンにサラダ油を熱して1のなすを炒め、焼き色がついたら1のパプリカを加えて、炒める。
3. Aを加えて汁けがなくなるまで炒め合わせる。

+1で味ガエ！ ＋一味唐辛子
ピリ辛でパンチのきいた味に。

パプリカを甘辛和風惣菜に仕上げて
パプリカとちくわの きんぴら

●材料（6回分）
パプリカ（黄）……… 2個（300g）
ちくわ ……………………… 2本
ごま油 …………………… 大さじ1
しょうゆ、みりん ……… 各小さじ2
かつお節 ………………… 1パック
黒いりごま ……………… 小さじ1

●作り方
1 パプリカは縦¼に切り、5mm厚さの斜め切りにする。ちくわは縦半分に切り、斜め薄切りにする。
2 フライパンにごま油を熱し、1を炒める。
3 しょうゆ、みりんを加えて炒め合わせたら、火を止め、かつお節、黒いりごまをふる。

味ガエ！
- かつお節1パック → 青のり適量
磯の風味がふわっと香り、また違った味わいに。

濃厚なオイスターソースをからめてアジアン風に
パプリカとささみの カシューナッツ炒め

●材料（6回分）
パプリカ（赤）……… 1個（150g）
鶏ささみ ………………… 3本
カシューナッツ ………… 60g
長ねぎ …………………… ½本
しょうが ………………… 1片
サラダ油 ……………… 大さじ3

A ┌ 酒、片栗粉 ……… 各小さじ2
  │ 塩 ……………… 小さじ¼
  └ こしょう ………… 少々

B ┌ 水 ………………… 50㎖
  │ オイスターソース、砂糖 … 各小さじ2
  └ 塩 ……………… 小さじ¼

●作り方
1 鶏ささみは一口大のそぎ切りにし、Aをもみ込む。パプリカは2cm角、長ねぎは1cm幅に切る。しょうがは薄切りにする。
2 フライパンにサラダ油を熱して1のささみを炒め、色が変わったら、残りの1をすべて加えて炒め合わせる。
3 Bを加えて照りが出るまで炒め、カシューナッツを加えてさっくり混ぜる。

2 イロドリ副菜 パプリカ

すぐでき！

15分 / 105kcal / 冷蔵4日 / 冷凍1か月

5分 / 118kcal / 冷蔵5日 / 冷凍×

ジュッとしみ込ませた甘辛だれが絶妙
パプリカとかぼちゃの揚げびたし

●材料（6回分）
- パプリカ（赤）……1個（150g）
- かぼちゃ……⅙個
- ししとう……6本
- 揚げ油……適量
- A
  - めんつゆ（ストレート）……200㎖
  - おろししょうが……小さじ1

●作り方
1. かぼちゃはワタを取って1cm厚さの一口大に切る。パプリカはかぼちゃの大きさに合わせ、一口大に切る。ししとうはつま楊枝で穴を開ける。
2. 170℃の揚げ油で1のししとうとパプリカをさっと素揚げし、合わせたAに漬ける。
3. 1のかぼちゃも3～4分ほど揚げて2に加える。

＋1で味ガエ！
＋粉山椒 独特の香りが加わり、大人な味わいに。お弁当につめる前にさっとふりかけて。

ひょいひょいつまめる小粋なマリネ
パプリカとひよこ豆のマリネ

●材料（6回分）
- パプリカ（赤・黄）……各1個（計300g）
- ひよこ豆水煮缶……1缶（230g）
- パセリ（みじん切り）……大さじ2
- A
  - オリーブ油……大さじ2
  - 塩……小さじ1
  - こしょう……少々

●作り方
1. ひよこ豆はさっと洗い、ザルに上げる。パプリカは1cm角に切る。
2. 1、パセリをAであえる。

＋1で味ガエ！
＋レモン汁 酸味が入っていないマリネですが、加えてもOK。ちょっとふりかけるだけでさわやかな一品に。

すぐでき!

5分 / 40kcal / 冷蔵3日 / 冷凍✕

セロリの香りとかにかまのさわやかさが好相性
かにかまの イタリアンサラダ

●材料（6回分）
- かに風味かまぼこ …… 2袋（12本）
- きゅうり …… 2本
- セロリ …… 1本
- A
  - 酢 …… 大さじ2
  - オリーブ油 …… 小さじ2
  - 塩 …… 小さじ½
  - こしょう …… 少々

●作り方
1. かに風味かまぼこは斜め半分に切る。きゅうりは縦半分に切って斜め薄切りにする。セロリはきゅうりの大きさに合わせて斜め薄切り、セロリの葉はせん切りにする。
2. ボウルに1、Aを入れ、さっくり混ぜ合わせる。

+1で味ガェ！

+粒マスタード さわやかな風味と、ピリッとしたほのかな辛みが加わる。

15分 / 76kcal / 冷蔵4日 / 冷凍✕

かにかま入りのふんわりやさしい味わい
かに玉オムレツ

●材料（6回分）
- 卵 …… 3個
- かに風味かまぼこ …… 1袋（6本）
- 長ねぎ …… ⅓本
- ごま油 …… 大さじ1
- A
  - 酒 …… 大さじ½
  - 鶏がらスープの素（顆粒）…… 小さじ½
  - 塩、こしょう …… 各少々

●作り方
1. かに風味かまぼこは手でほぐし、長ねぎは斜め薄切りにする。
2. ボウルに卵を割り入れ、Aを加えてよく混ぜる。
3. フライパン（直径20cm程度）にごま油大さじ½を熱し、1を炒めて取り出し、2に入れて混ぜる。
4. 3のフライパンに残りのごま油を足して3を入れ、かき混ぜながら半熟状に焼いたら、ふたをして弱火で5分ほど焼く。裏返してさらに2分ほど焼き、粗熱がとれたら、一口大の格子状に切り分ける。

2 イロドリ副菜 かに風味かまぼこ・肉加工品

ベーコンのうまみと厚揚げがベストマッチ！

厚揚げのベーコン巻き

10分 / 105kcal / 冷蔵4日 / 冷凍1か月

●材料（6回分）
- ベーコン……………6枚
- 厚揚げ………………1枚
- 青じそ………………6枚
- ごま油……………小さじ1
- 塩、こしょう……各少々

●作り方

1 厚揚げは縦6等分に切る。

2 1の厚揚げに青じそとベーコンを巻き、つま楊枝で巻き終わりを留める。

3 フライパンにごま油を熱し、2の両面をこんがりと焼いて、塩、こしょうをふる。

保存の名人アドバイス
小分け冷凍　1回分ずつラップで包んで冷凍用保存袋に入れて冷凍。冷凍すると少し固くなるがかみごたえがあっておいしい。

すぐでき！

油を入れれば鮮やかにゆで上がる

ブロッコリーのハムブーケ

5分 / 45kcal / 冷蔵4日 / 冷凍×

●材料（6回分）
- ロースハム…………………3枚
- ブロッコリー…………½株（150g）
- スライスチーズ……………2枚
- こしょう……………………少々
- A［水……………………400ml
   　オリーブ油、塩……各小さじ1］

●作り方

1 ブロッコリーは6つの小房に分ける。ロースハムは半分、スライスチーズは縦3等分に切る。

2 鍋にAを煮立て、1のブロッコリーを入れて20秒ほどゆで、ザルに上げて粗熱をとる。

3 1のロースハムにスライスチーズ、ブロッコリーをのせてこしょうをふり、ブーケのように巻き付けてピックで留める。

さわやかな甘さが広がる！

かぼちゃのレモン煮

10分 ／ 96kcal ／ 冷蔵4日 ／ 冷凍1か月

●材料（6回分）
かぼちゃ ………………… ¼個（300g）
A［はちみつ、水 ……………… 各75㎖
　　レモン（輪切り）……………… 2枚］

●作り方

1 かぼちゃはワタを取って皮をところどころむき、一口大に切る。

2 鍋に1、Aを入れ、かぼちゃがやわらかくなるまで6分ほど煮る。

味ガエ！
● はちみつ75㎖ ➡ 砂糖大さじ3
甘いけどさらっとした口当たりに。

お弁当にあるとうれしいスイーツ風おかず

かぼちゃとチーズのサラダ

10分 ／ 122kcal ／ 冷蔵4日 ／ 冷凍×

●材料（6回分）
かぼちゃ … ¼個（300g）
クリームチーズ …… 60g
レーズン ……… 大さじ2
A［マヨネーズ … 大さじ2
　　塩、こしょう … 適量］
アーモンド（スライス）
………………… 適量

●作り方

1 かぼちゃはワタを取って1.5cm厚さに切る。耐熱容器に入れ、ラップをして電子レンジ（600W）で4～5分加熱し、フォークでつぶす。

2 クリームチーズは1cm角に切る。

3 1にAを加えて味を調え、2、レーズンを加えて混ぜ、好みでアーモンドを散らす。

おしゃれ食材　クリームチーズ
なめらかなクリームチーズは、濃厚なコクが魅力。サラダやあえ物に加えるだけでデリっぽい一品に。

2 イロドリ副菜 かぼちゃ

かぼちゃとれんこんのカレー風味

素揚げ野菜にカレースナック風の味がマッチ

10分 / 124kcal / 冷蔵4日 / 冷凍×

●材料（6回分）
- かぼちゃ……1/4個（300g）
- れんこん……1節（200g）
- 揚げ油……適量
- A
  - カレー粉……小さじ1
  - 塩……小さじ2/3
  - 砂糖……小さじ1/2

●作り方
1. れんこんは皮をむき、1cm幅のいちょう切りにする。かぼちゃはワタを取って、れんこんの大きさに合わせて切る。
2. 170℃の揚げ油で1を3〜4分ほど揚げて油をきり、混ぜ合わせたAをまぶす。

味ガエ！
- カレー粉小さじ1 ➡ ゆかり小さじ1
- ほんのりしその香りがきいた大人向けのアレンジ。

かぼちゃのコンビーフバター

濃厚コンビーフが味の決め手！

すぐでき！

5分 / 87kcal / 冷蔵4日 / 冷凍1か月

●材料（6回分）
- かぼちゃ……1/4個（300g）
- コンビーフ……1缶（100g）
- バター……大さじ1/2
- 塩、こしょう……各少々
- パセリ（みじん切り）……適量

●作り方
1. かぼちゃはワタを取って、皮をむいて一口大に切る。水に通して耐熱容器に入れ、ふんわりラップをして電子レンジ（600W）で3〜4分加熱する。
2. コンビーフを加え、電子レンジ（600W）でさらに1分ほど加熱し、バター、塩、こしょうを加えてフォークでつぶしながら混ぜ合わせ、好みでパセリを散らす。

保存の名人アドバイス／小分け冷凍
1回分ずつラップで包んで冷凍用保存袋に入れて冷凍。パセリは混ぜてから小分けにして。

さつまいも&バターの名コンビ！

さつまいもの塩バター煮

⏱10分 | 87kcal | 冷蔵4日 | 冷凍1か月

●材料（6回分）
さつまいも……………1本（200g）
A ┃ 水……………………250mℓ
　 ┃ 砂糖…………………大さじ1
　 ┃ 塩……………………小さじ½
バター…………………30g

●作り方
1 さつまいもは皮つきのまま乱切りにし、水にさらして水けをきる。

2 鍋にAを入れて煮立て、1を加えてやわらかくなるまで煮る。

3 2にバターを加え、5分ほど煮からめる。

味ガエ！
● 塩小さじ½ ➡ しょうゆ小さじ1
しょうゆを隠し味にして香ばしく仕上げても。

ほっこり大学いもを食べやすい形に

スティック大学いも

⏱15分 | 84kcal | 冷蔵5日 | 冷凍1か月

●材料（6回分）
さつまいも……1本（200g）
揚げ油……………適量
黒いりごま………少々

A ┃ はちみつ……大さじ1½
　 ┃ 砂糖、酒……各大さじ1
　 ┃ しょうゆ、水……各大さじ½

●作り方
1 さつまいもは皮つきのまま4cm長さに切り、1切れを6等分のくし形切りにし、水にさらす。

2 1の水けをしっかりきり、170℃の揚げ油で3分ほど素揚げする。

3 鍋にAを煮立て、とろみが出たら2を加えてあえ、黒いりごまをふる。

保存の名人アドバイス
そのまま冷凍
そのまま冷凍用保存袋に入れて、中で1つ1つがくっつかないようにして冷凍。使う分だけ取り出して解凍できる。

2 イロドリ副菜 さつまいも・コーン

お弁当につめやすく、軽くつまめちゃう！

コーンのお焼き

⏱15分 / 145kcal / 冷蔵4日 / 冷凍1か月

●材料（6回分）
- ホールコーン缶 ………… 1缶（200g）
- ピザ用チーズ ……… 50g
- サラダ油 ………… 適量
- A 小麦粉 ……… 130g
- 水 ……… 150ml
- 塩、こしょう 各少々

●作り方
1. ボウルにAを入れてなめらかになるまで混ぜ、ホールコーン、ピザ用チーズを加えてさっくり合わせる。
2. フライパンにサラダ油を薄くひいて熱し、1を18等分して薄く丸く広げる。
3. ふたをして弱火で4分ほど焼いたら、ふたを外し、裏返して中火で両面、こんがりと焼き目をつける。

ラクテク！ お焼きの生地
市販のお好み焼き粉を水で溶いて生地にすると、味つけいらず。ホットケーキ粉で作ればおやつにもぴったり。

すぐでき！

ふわふわはんぺんマヨは子どもも大好き！

コーンとはんぺんのマヨ焼き

⏱5分 / 77kcal / 冷蔵4日 / 冷凍✕

●材料（6回分）
- ホールコーン缶 …………… 1缶（200g）
- はんぺん …………… 1枚
- ピーマン …………… 1個
- マヨネーズ、トマトケチャップ … 各大さじ2

●作り方
1. はんぺんは1cm角に切り、ホールコーンと合わせてアルミカップに入れる。ピーマンは薄い輪切りにし、種を取ってのせる。
2. 1にマヨネーズをかけ、オーブントースターで薄く焼き色がつくまで焼き、トマトケチャップをかける。

味ガエ！
●マヨネーズ大さじ2 ➡ ピザ用チーズ30g
とろ〜りチーズをのせてピザ風に仕上げても。

⏱10分 / 44kcal / 冷蔵3日 / 冷凍✕

酢を加えてさっぱり仕上げて

キャベツとかにかまの コールスロー

●材料（6回分）
キャベツ ……………………… 3枚（300g）
塩 …………………………………… 小さじ¾
かに風味かまぼこ ………………………… 3本
A ┌ マヨネーズ ………………………… 大さじ2
　└ 酢 ………………………………… 大さじ1½

●作り方
1 キャベツは細切りにし、塩でもんで水けを絞る。
2 かに風味かまぼこは半分の長さに切り、ほぐす。
3 1、2、Aを混ぜ合わせる。

コールスロー バリエ

1 紫で彩りを添える！
2 オリエンタルな香り！
3 あっさり和サラダに！

1. 紫キャベツのコールスロー （62kcal）
●材料と作り方
紫キャベツ¼個（300g）はせん切り、玉ねぎ¼個は薄切りにし、塩小さじ½でもんで水けを絞る。缶汁をきったツナ1缶、酢・パセリ（みじん切り）各大さじ1、砂糖小さじ⅔、オリーブ油小さじ1½、こしょう少々と混ぜ合わせる。

2. カレーコールスロー （63kcal）
●材料と作り方
キャベツ3枚（300g）、にんじん⅓本、ピーマン1個はせん切りにし、塩小さじ½でもんで水けを絞る。ホールコーン1缶、オリーブ油大さじ1、酢大さじ½、カレー粉小さじ½、塩少々と混ぜ合わせる。

3. 和風コールスロー （36kcal）
●材料と作り方
キャベツ3枚（300g）、青じそ5枚、みょうが2本はそれぞれせん切りにし、塩小さじ½でもんで水けを絞る。ごま油大さじ1、ポン酢しょうゆ大さじ½、かつお節½袋、白いりごま小さじ1と混ぜ合わせる。

2 イロドリ副菜 キャベツ

すぐでき!

5分 / 54kcal / 冷蔵3日 / 冷凍✕

塩昆布&ごま油がいい仕事!

キャベツの塩昆布あえ

●材料(6回分)
- キャベツ………½個(400g)
- 塩昆布………40〜50g
- A[ごま油………大さじ1½
- レモン汁、白いりごま……各小さじ2]

●作り方
1. キャベツは4cm角ぐらいのざく切りにする。
2. ボウルにAを入れて混ぜ、塩昆布、1を加えてあえる。

味ガエ!
- 塩昆布40〜50g
- → 韓国のり小10〜12枚、塩小さじ½

韓国のりを手でもんで混ぜても美味!

15分 / 111kcal / 冷蔵4日 / 冷凍1か月

定番コンビを付け合わせの一品に

ソーセージ入りザワークラウト

●材料(6回分)
- キャベツ……3枚(300g)
- ウインナーソーセージ……8本
- 玉ねぎ………½個
- サラダ油………大さじ1
- A[酢………大さじ3
- 粒マスタード…大さじ1
- コンソメスープの素(顆粒)…小さじ⅔]
- 塩、こしょう……各少々

●作り方
1. ウインナーソーセージは乱切りにする。キャベツは太めのせん切りに、玉ねぎは薄切りにする。
2. フライパンにサラダ油を熱し、1を炒める。
3. 2のキャベツがしんなりしたらAを加えて炒め合わせ、塩、こしょうで味を調える。

すぐでき！

5分 | 42kcal | 冷蔵4日 | 冷凍1か月

わさびの刺激がきいたマヨがヤミツキに！
キャベツとちくわのわさびマヨあえ

●材料（6回分）
キャベツ……………2枚（200g）
ちくわ………………………3本
A｜マヨネーズ…………大さじ1
　｜練りわさび…………小さじ½
塩、黒いりごま…………各少々

●作り方
1. キャベツはざく切りにし、ラップでふんわり包み、電子レンジ（600W）で2分ほど加熱して冷まし、水けをしっかり絞る。ちくわは薄い輪切りにする。
2. 合わせたAで1をあえ、塩で味を調えて、黒いりごまをふる。

味ガエ！
- 練りわさび小さじ½ ➡ **練り辛子小さじ½**
辛子マヨに替えると洋風の味わいに。

10分 | 62kcal | 冷蔵4日 | 冷凍1か月

だしのしみたさつま揚げのうまみでいただく
キャベツとさつま揚げの煮びたし

●材料（6回分）
キャベツ……………3枚（300g）
さつま揚げ…………2枚（100g）
A｜だし汁………………200mℓ
　｜しょうゆ、みりん…各大さじ2
　｜砂糖、酒……………各大さじ1

●作り方
1. キャベツは一口大に切る。さつま揚げは熱湯をかけて油抜きし、1cm幅の斜め切りにする。
2. 鍋にAを煮立て、1を加えて6分ほど煮る。

+1で味ガエ！
- ＋七味唐辛子
甘辛味にはピリ辛がぴったり。赤唐辛子の小口切りなどを入れても。

2 イロドリ副菜　キャベツ

20分 ／ 14kcal ／ 冷蔵5日 ／ 冷凍×

青じそが香る箸休めで口当たりさっぱり！

キャベツの博多漬け

● 材料（6回分）
キャベツ	3枚（300g）
きゅうり	1本
青じそ	6枚
塩	小さじ1弱

● 作り方

1 キャベツはラップに包み、電子レンジ（600W）で2～3分ほど加熱する。きゅうり、青じそはせん切りにする。

2 ラップに1のキャベツ1枚を敷き、きゅうり、青じそをそれぞれ½量ずつのせ、塩小さじ½をふる。

3 2の上にキャベツ1枚を重ね、残りのきゅうり、青じそをのせて、残りの塩をふり、キャベツ1枚を重ねる。

4 3をラップで包み、重しをのせて冷蔵庫でなじませ、食べやすい大きさに切る。

10分 ／ 32kcal ／ 冷蔵4日 ／ 冷凍×

さわやかキャベツとかにかまの相性◎

キャベツとかにかまのレモンあえ

● 材料（6回分）
キャベツ	3枚（300g）		酢	大さじ2
かに風味かまぼこ	6本		水	大さじ1½
レモン	¼個	A	砂糖	大さじ1
赤唐辛子	½本		塩	小さじ⅔
			こしょう	少々

● 作り方

1 キャベツはざく切りにし、かに風味かまぼこは半分の長さに切り、手でほぐす。レモンはいちょう切りに、赤唐辛子は小口切りにする。

2 耐熱容器にA、1を入れて混ぜ、ラップをふんわりかけて電子レンジ（600W）で2分ほど加熱し、しばらくおいて味をなじませる。

おしゃれ食材

レモン　さわやかな酸味と香りが味を引き立てる。フレッシュな黄色で、お弁当がパッと明るくにぎやかに。

定番ソテーをコンソメでより味わい深く
ほうれん草とコーンのコンソメバター炒め

15分 / 40kcal / 冷蔵4日 / 冷凍1か月

●材料（6回分）
ほうれん草　1束（300g）
ホールコーン缶　90g
しめじ　½袋
バター　大さじ1
コンソメスープの素（顆粒）　小さじ½
こしょう　少々

●作り方
1. ほうれん草は塩ゆでし、水けを絞って3cm長さに切る。しめじは根元を落とし、手でほぐす。
2. フライパンにバターを熱し、1、ホールコーンを入れてさっと炒め、コンソメスープの素を加え、こしょうで味を調える。

保存の名人アドバイス
小分け冷凍
1回分ずつラップで包んで冷凍用保存袋に入れて冷凍。バター入りなので解凍は加熱しすぎないように。

さっぱり梅おかかは飽きのこない味
ほうれん草の梅あえ

10分 / 46kcal / 冷蔵4日 / 冷凍1か月

●材料（6回分）
ほうれん草　2束（600g）
かつお節　6g
梅干し　4個（50g）
A［だし汁、みりん　各大さじ2

●作り方
1. ほうれん草は塩ゆでし、冷水にとって軽く水けを絞り、食べやすい長さに切る。
2. 梅干しは種を取り除いて包丁でたたき、Aと混ぜ合わせる。
3. 保存容器に1を入れて2をかけ、かつお節をのせる。

ラクテク！
梅干しをたたく
器に梅干しを入れて、フォークでそぐようにするだけでも種が取れ、梅肉も粗くほぐせます。包丁を使いたくないときに。

2 イロドリ副菜 ほうれん草・小松菜

すぐでき！

5分 / 43kcal / 冷蔵4日 / 冷凍1か月

香ばしく炒めた桜えびの風味たっぷり

小松菜と桜えびの炒め物

●材料（6回分）
小松菜……………1束（400g）
桜えび……………大さじ2
ごま油、酒………大さじ1½
塩、こしょう……各少々

●作り方
1 小松菜は3cm長さに切る。
2 フライパンにごま油を熱し、桜えびを炒める。香りが立ったら1を加え、炒め合わせる。
3 酒を加えて炒め、塩、こしょうで味を調える。

+1で味ガエ！
+ ラー油　ピリッとした刺激が加わり大人向けのおかずに。

10分 / 25kcal / 冷蔵4日 / 冷凍1か月

ピリッと辛子と香ばしい油揚げが絶妙！

小松菜の辛子あえ

●材料（6回分）
小松菜……………1束（400g）
油揚げ……………½枚
A ┌ しょうゆ……大さじ1⅓
　├ みりん………大さじ⅔
　└ 練り辛子……小さじ⅔

●作り方
1 小松菜は塩ゆでし、水にさらして水けを絞り、4cm長さのざく切りにする。
2 油揚げはフライパンで両面をカリッと焼き、細切りにする。
3 ボウルにAを入れて混ぜ、1、2を加えてあえる。

味ガエ！
● 練り辛子小さじ⅔ → **梅肉小さじ2**
さわやかな酸味は暑い夏にぴったり。

すぐでき！

⏱10分 | 9kcal | 冷蔵5日 | 冷凍✕

昆布のうまみをしっとりしみ込ませて
アスパラの昆布漬け

●材料（6回分）
グリーンアスパラガス………6本
塩、酢……………各小さじ½
昆布（10cm×10cm）………1枚
赤唐辛子……………………½本

●作り方

1 グリーンアスパラガスは固い根元の皮をピーラーでむいて半分に切り、熱湯でさっとゆでてザルに上げ、塩をまぶす。昆布は汚れを拭き取る。

2 保存容器に1の昆布を敷き、赤唐辛子をのせ、1のグリーンアスパラガスを並べて酢を回しかけ、冷蔵庫で味をなじませる。

保存の名人アドバイス

漬け込み冷蔵：昆布に漬けながら冷蔵保存。保存しながら味をしみ込ませる。昆布のうまみが移ったものから順にどうぞ。

⏱10分 | 91kcal | 冷蔵4日 | 冷凍1か月

マスタードの風味がきいたデリ風料理
アスパラとソーセージの粒マスタード炒め

●材料（6回分）
グリーンアスパラガス…………6本
ウインナーソーセージ…………8本
玉ねぎ………………½個
オリーブ油……大さじ½

A｜粒マスタード大さじ1
　｜酒…………大さじ½
　｜しょうゆ…小さじ½
　｜塩……………少々

●作り方

1 グリーンアスパラガスは固い根元の皮をピーラーでむき、斜め切りにする。ウインナーソーセージは斜め3等分に切る。玉ねぎは繊維に垂直に1cm幅に切る。

2 フライパンにオリーブ油を熱し、1のウインナーソーセージをしっかり炒める。1の玉ねぎも加えて炒め、しんなりしたら、1のアスパラガスを加えてさっと炒め合わせる。

3 全体に油が回ったら**A**を加え、さっと炒め合わせる。

2 イロドリ副菜 ／ グリーンアスパラガス

すぐでき！

15分 / 54kcal / 冷蔵3日 / 冷凍3週間

5分 / 20kcal / 冷蔵4日 / 冷凍1か月

あっさり中華味のプリプリえびがたまらない
アスパラとえびの塩炒め

●材料（6回分）
- グリーンアスパラガス …… 6本
- えび …… 12尾
- 長ねぎ …… ½本
- ごま油 …… 大さじ½
- A
  - 水 …… 大さじ3
  - 酒 …… 大さじ1
  - 鶏がらスープの素（顆粒）…… 小さじ1
  - 塩、こしょう …… 各少々

●作り方
1. グリーンアスパラガスは固い根元の皮をピーラーでむき、縦半分に切って4cm長さに切る。長ねぎは斜め切りにする。
2. えびは殻をむき、背わたをとる。
3. フライパンにごま油を熱して2を炒め、色が変わったら1を加え、炒め合わせる。
4. 全体に油が回ったらAを加えて汁けがなくなるまで炒め合わせ、塩、こしょうで味を調える。

セロリの香りと和の梅おかかが見事にマッチ！
アスパラとセロリの梅おかかあえ

●材料（6回分）
- グリーンアスパラガス …… 6本
- 塩 …… 少々
- セロリ …… 1本
- 梅干し …… 2個
- A
  - しょうゆ …… 小さじ2
  - 砂糖 …… ひとつまみ
  - ごま油 …… 小さじ1
- かつお節 …… 1パック

●作り方
1. グリーンアスパラガスは固い根元の皮をピーラーでむき、斜め切りにして塩をふり、ラップに包んで電子レンジ（600W）で1～2分加熱する。セロリはすじを取り、斜め薄切りにして水にさらす。
2. 梅干しは種を取り除いて包丁でたたき、Aと混ぜ合わせる。水けをきった1を加えてあえ、かつお節を加えてさっくり混ぜる。

すぐでき！

5分 | 19kcal | 冷蔵4日 | 冷凍1か月

塩昆布のウマじょっぱさがいい仕事！

ブロッコリーの塩昆布あえ

●材料（6回分）
ブロッコリー……………1株
塩昆布………………………5g
白いりごま、酢………各小さじ2
ごま油………………小さじ½

●作り方
1 ブロッコリーは小房に分けて縦半分に切り、1分ほど塩ゆでしてザルに上げる。
2 ボウルにすべての材料を入れ、しっかりと混ぜ合わせる。

味ガエ！
- 塩昆布5g ➡ 塩こうじ大さじ1
少し甘さのある塩こうじでコクを出して。

10分 | 42kcal | 冷蔵4日 | 冷凍1か月

ピリッとのりわさび味でパクパク

ブロッコリーののりドレあえ

●材料（6回分）
ブロッコリー………1株
焼きのり……………2枚

A
- だし汁………50mℓ
- しょうゆ、みりん、……各大さじ2½
- 白いりごま…大さじ1
- 練りわさび…小さじ½
- 塩……………少々

●作り方
1 ブロッコリーは小房に分けて縦半分に切り、1分ほど塩ゆでしてザルに上げる。
2 焼きのりはさっとあぶり、ちぎりながらボウルに入れ、Aを加えて、のりがふやけるまでよく混ぜる。
3 2に1を加えて混ぜ、味をなじませる。

ラクテク！
焼きのりをちぎる
焼きのりをあぶるとパリパリになるので、手でくしゃっと握るだけですぐに細かくなる。

2 イロドリ副菜 ブロッコリー

すぐでき！

5分 / 56kcal / 冷蔵4日 / 冷凍1か月

10分 / 93kcal / 冷蔵2日 / 冷凍×

和と洋の組み合わせで意外なおいしさ！

ブロッコリーのくるみあえ

●材料（6回分）
- ブロッコリー …………… 1株
- くるみ ……………… 40g
- A
  - めんつゆ（ストレート）……… 小さじ2
  - はちみつ … 小さじ2/3
  - 塩 ……………… 少々

●作り方

1. ブロッコリーは小房に分けて1分ほど塩ゆでし、ザルに上げる。くるみはフライパンでから炒りする。
2. ボウルに1、Aを入れ、さっくり混ぜ合わせる。

おしゃれ食材　くるみ

ミルキーなコクと食感が、おいしいアクセントになる食材。サラダに砕いて散らすと、カントリー風の一品に。

プリプリえびとブロッコリーの鉄板サラダ

ブロッコリーとえびのデリ風サラダ

●材料（6回分）
- ブロッコリー ……………… 1株
- むきえび ……………… 6個
- ゆで卵 ……………… 3個
- A
  - マヨネーズ ……… 大さじ1 1/2
  - 粒マスタード ……… 大さじ1/2

●作り方

1. ブロッコリーは小房に分けて1分ほど塩ゆでし、ザルに上げる。むきえびは塩ゆでし、背から包丁を入れて半分の厚さに切る。ゆで卵は殻をむき、4等分のくし形に切る。
2. ボウルに1、Aを入れ、さっくり混ぜ合わせる。

味ガエ！

●粒マスタード大さじ1/2 ➡ 練乳大さじ1/2

ほんのり甘くクリーミーな味わいに。

お弁当の彩りにもなるアイデアシュウマイ

ピーマンのシュウマイ

⏱15分 / 111kcal / 冷蔵4日 / 冷凍1か月

●材料（6回分）
- ピーマン……………6個
- 片栗粉………………適量
- サラダ油……………大さじ1
- 水……………………大さじ3
- 練り辛子……………適量

A
- 豚ひき肉……………180g
- 玉ねぎ（みじん切り）……1/4個分
- 片栗粉……大さじ1
- ごま油……小さじ1½
- しょうゆ……小さじ⅔
- 砂糖、塩……各少々

●作り方

1 ピーマンは両端を切り落とし、3等分の輪切りにして、内側に片栗粉を薄くまぶす。

2 Aをよく混ぜて18等分にし、1に詰める。

3 フライパンにサラダ油を熱して2を並べ、焼き目がつくまで3分ほど焼く。分量の水を加えて5分ほど蒸し焼きにする。好みで練り辛子を添える。

すぐでき！

おつまみ風の味つけがあと引くおいしさ

ピーマンといかのラー油あえ

⏱5分 / 38kcal / 冷蔵4日 / 冷凍1か月

●材料（6回分）
- ピーマン……………8個（250g）
- いかの燻製…………50g

A
- しょうゆ……小さじ2
- ラー油、白いりごま……各小さじ1

- 糸唐辛子……………適量

●作り方

1 ピーマンは種を取り除いて細切りにし、熱湯で10秒ほどゆで、ザルに上げて水けをきる。いかの燻製は、長ければ切る。

2 ボウルにAを入れて混ぜ、1を加えてあえ、好みで糸唐辛子を散らす。

+1で味ガエ！

＋酢 仕上げに少しかけると、辛みがやわらぎ、さっぱりとした口当たりになる。

オクラちくわ

ねばねばオクラとちくわの甘い食感がマッチ！

⏱10分 / 41kcal / 冷蔵4日 / 冷凍✕

●材料（6回分）
- オクラ ……………………… 6本
- 塩 …………………………… 少々
- ちくわ ……………………… 6本
- ごま油 ……………………… 少々

●作り方

1. オクラは塩をまぶして洗い、ラップで包み、電子レンジ（600W）で30秒ほど加熱して、ヘタを切り落とす。
2. ちくわ各1本に1のオクラを1本ずつ詰める。
3. フライパンにごま油を熱して2を入れ、表面を焼いて一口大に切る。

ラクテク！ オクラの下ごしらえ
オクラは塩をまぶし、手でもむように塩をこすりつけてから流水で洗うと、うぶ毛が取れて口当たりがよくなる。

オクラのだしびたし

すぐでき！

和のだしがしっとりしみて冷めても美味

⏱5分 / 35kcal / 冷蔵4日 / 冷凍✕

●材料（6回分）
- オクラ ……………………… 16本
- A
  - だし汁 …………………… 400㎖
  - みりん …………………… 大さじ3
  - 薄口しょうゆ …………… 大さじ1½
  - かつお節 ………………… 3g
  - 塩 ………………………… ひとつまみ

●作り方

1. オクラはガクをむいて塩をまぶして洗い、熱湯でさっとゆでて冷水にさらし、水けを拭き取る。
2. Aを煮立て、粗熱がとれたら1を入れ、冷蔵庫で1時間以上漬ける。

＋1で味ガエ！ ＋ごま油
少量加えると香ばしいコクがプラス。あっさり味気分じゃない日に。

---

2 イロドリ副菜　ピーマン・オクラ

桜えび香るフレッシュな食感のジョン
ズッキーニと桜えびのジョン

10分 / 86kcal / 冷蔵4日 / 冷凍1か月

●材料（6回分）
ズッキーニ………2本（500g）
塩……………………少々
卵……………………2個
小麦粉………………適量
桜えび………大さじ3〜4
ごま油…………大さじ2
コチュジャン………適量

●作り方
1 ズッキーニは8mm厚さの輪切りにして塩をふり、キッチンペーパーで水けを拭く。卵は溶きほぐす。
2 フライパンにごま油を熱し、1のズッキーニに薄く小麦粉をまぶしてから、溶き卵にくぐらせて入れる。
3 残った溶き卵をそれぞれ等分にかけ、桜えびを散らし、こんがり焼き色がついたら裏返して両面焼く。好みでコチュジャンを添える。

すぐでき！
箸でつまみやすくご飯がすすむ甘辛味
ズッキーニとにんじんの甘辛炒め

5分 / 48kcal / 冷蔵3日 / 冷凍1か月

●材料（6回分）
ズッキーニ…………2本（500g）
にんじん………………½本
A ┌ しょうゆ、酒……各大さじ1
　 └ みりん、砂糖……各大さじ½
ごま油…………………小さじ2
白いりごま……………大さじ1

●作り方
1 ズッキーニとにんじんは拍子木切りにする。
2 フライパンにごま油を熱し、1を入れて炒める。油が回ったら、Aを加えて汁けがなくなるまで炒め、火を止めて白いりごまをふり、混ぜる。

+1で味ガエ！
+ 赤唐辛子（小口切り）
たまには気分を変えて刺激的なピリ辛味に。

2 イロドリ副菜 ズッキーニ・ゴーヤ

ゴーヤとツナが好相性のスナック感覚おかず
ゴーヤとツナのオムレツピカタ

15分 / 80kcal / 冷蔵3日 / 冷凍1か月

● 材料（6回分）
- ゴーヤ……1本（200g）
- オリーブ油……大さじ1
- トマトケチャップ……適量
- A
  - 卵……2個
  - ツナ缶……½缶（35g）
  - パン粉……15g
  - 塩……少々

● 作り方
1. ゴーヤは8mm厚さの輪切りにし、ワタを取り除く。Aはよく混ぜ合わせる。
2. フライパンにオリーブ油を熱して1のゴーヤを並べ、Aをゴーヤの中に等分に流し入れる。
3. 弱めの中火で、焼き色がつくまで2〜3分焼き、裏返して同様に焼く。好みでトマトケチャップをつける。

ラクテク！
ゴーヤの下ごしらえ：ゴーヤは横半分（または3等分）に切ってからワタをスプーンで取り除き、輪切りにすると手早くできる。

すぐでき！

お弁当に一品あるとうれしいほろ苦箸休め
ゴーヤのおかかあえ

5分 / 17kcal / 冷蔵5日 / 冷凍1か月

● 材料（6回分）
- ゴーヤ……1本（200g）
- かつお節……8g
- A
  - しょうゆ……大さじ⅔
  - みりん……小さじ⅔

● 作り方
1. ゴーヤは縦半分に切り、ワタを取り除いて薄切りにし、塩ゆでして冷水にさらす。
2. ボウルに1、A、かつお節を入れてあえる。

味ガエ！
● みりん小さじ⅔ → **マヨネーズ大さじ1**
和風マヨ味にするとサラダ感覚のおかずに。

ささみの淡白なうまみでいただく
スナップえんどうとささみのごまサラダ

15分 / 49kcal / 冷蔵3日 / 冷凍1か月

●材料（6回分）
鶏ささみ …………… 2本
A ┃ 酒 ………… 大さじ1
　 ┃ 砂糖 ……… ひとつまみ
　 ┃ 塩 ………… 少々
スナップえんどう … 16本
玉ねぎ ……………… ¼個

B ┃ 白すりごま … 大さじ2
　 ┃ 酢 ………… 小さじ2
　 ┃ 塩 ………… 小さじ½
　 ┃ こしょう …… 少々

●作り方
1 鶏ささみはAをもみ込み、耐熱容器に入れてラップをかけ、電子レンジ（600W）で2～3分ほど加熱し、粗熱をとる。鶏ささみから出た蒸し汁はとっておく。
2 スナップえんどうはすじを取り、斜め半分に切り、ラップにふんわり包み、電子レンジ（600W）で1分ほど加熱する。玉ねぎは薄切りにし、水にさらしてザルに上げる。
3 ボウルに1の蒸し汁とBを合わせ、1の鶏ささみ、2を入れてさっくり混ぜる。

すぐでき！
スナップえんどうの食感がみずみずしい！
スナップえんどうとにんじんのきんぴら

5分 / 48kcal / 冷蔵5日 / 冷凍1か月

●材料（6回分）
スナップえんどう … 18本
にんじん …………… ½本
ごま油 ……………… 大さじ½
白すりごま ………… 大さじ2

A ┃ 水 ………… 大さじ2
　 ┃ 砂糖、しょうゆ
　 ┃ ………… 各小さじ2

●作り方
1 スナップえんどうはすじをとる。にんじんは短冊切りにする。
2 フライパンにごま油を熱して1を炒め、全体に油が回ったらAを加えて炒め合わせ、白すりごまを加えて混ぜる。

味ガエ！
●しょうゆ、砂糖各小さじ2 ➡ コチュジャン大さじ1
韓国風のはっきりとした濃厚味に。

2 イロドリ副菜 ｜ スナップえんどう・そら豆

すぐでき！

⏱5分 ／ 83kcal ／ 冷蔵5日 ／ 冷凍✕

にんにくがきいたおつまみ風が後を引く！

そら豆の香味しょうゆ

●材料（6回分）
そら豆（さやなし） …… 400g（約40粒）
A［ にんにく、しょうが ……… 各½片
　　水 …………… 130mℓ
　　しょうゆ ……… 50mℓ
　　砂糖 ………… 大さじ2 ］

●作り方
1. そら豆は熱湯で1分ほどゆで、ザルに上げる。にんにくは包丁の腹でつぶす。しょうがは薄切りにする。
2. 保存容器に1、Aを入れ、冷蔵庫で味をなじませる。

保存の名人アドバイス

漬け込み冷蔵　汁ごと保存容器に入れて冷蔵保存。日が経つごとに味がしみるのがうれしい。お弁当につめる際は汁を軽くきってから。

⏱10分 ／ 80kcal ／ 冷蔵4日 ／ 冷凍✕

粉チーズが隠し味。玉ねぎの食感がさわやか！

そら豆と玉ねぎのマリネ

●材料（6回分）
そら豆（さやなし） …… 400g（約40粒）
玉ねぎ ……………… ¼個
粉チーズ …………… 適量
A［ サラダ油 …… 大さじ1
　　酢 ………… 大さじ½
　　塩 ………… 小さじ¼
　　こしょう …… 少々 ］

●作り方
1. そら豆は1分ほど塩ゆでし、水にさらして薄皮をむく。玉ねぎは薄切りにし、水にさらしてザルに上げる。
2. ボウルに1、Aを入れてあえ、粉チーズをかける。

味ガエ！

●粉チーズ適量 ➡ 粒マスタード適量
酸味と風味が増し、さっぱりした後味になる。

さやいんげんと春雨の中華煮

しっかり中華味は味が落ちにくくお弁当向き

⏱15分 / 58kcal / 冷蔵3日 / 冷凍1か月

●材料（6回分）
- さやいんげん ………… 1袋（100g）
- 緑豆春雨 ………… 15g
- 豚ひき肉 ………… 60g
- 長ねぎ（みじん切り） ………… 小さじ2
- ごま油 ………… 大さじ1
- 豆板醤 ………… 小さじ¼
- A
  - 水 ………… 200㎖
  - 酒 ………… 小さじ2
  - しょうゆ ………… 小さじ1½
  - 鶏がらスープの素（顆粒） ………… 小さじ1
  - 砂糖 ………… 小さじ½

●作り方
1. さやいんげんは3cm長さの斜め切りにする。緑豆春雨はキッチンバサミで、ざく切りにする。
2. フライパンにごま油を熱し、長ねぎ、豆板醤を入れて炒める。香りが立ったら豚ひき肉を加えて、炒め合わせる。
3. 1、Aを加え、煮汁がなくなるまで煮詰める。

さやいんげんのごまあえ

すぐでき！

彩りが加わるおなじみの和惣菜

⏱5分 / 45kcal / 冷蔵4日 / 冷凍1か月

●材料（6回分）
- さやいんげん ………… 2袋（200g）
- A
  - 白すりごま ………… 大さじ3
  - しょうゆ ………… 大さじ1½
  - 砂糖 ………… 大さじ1
  - 酒 ………… 小さじ2

●作り方
1. さやいんげんはヘタとすじを取り、3～4cm長さに切り、塩ゆでする。
2. ボウルにAを入れて混ぜ、1を加えてあえる。

小分け冷凍 — 保存の名人アドバイス
1回分ずつラップに包んで冷凍用保存袋に入れて冷凍。使う際は冷蔵庫で自然解凍して。

2 イロドリ副菜 さやいんげん・セロリ

セロリとえびのナンプラー炒め
プリッとしたえびがうれしいエスニック風

15分 / 66kcal / 冷蔵3日 / 冷凍1か月

●材料（6回分）
セロリ……1本（100g）
A［酒……大さじ1 / 塩、こしょう　各少々］
むきえび……18尾
しょうが……⅓片
赤唐辛子……½本
サラダ油……大さじ1
B［ナンプラー……大さじ1½ / 砂糖……小さじ1］

●作り方
1　むきえびは背に切り込みを入れて背わたを取り、**A**をまぶす。セロリはすじを取って斜め薄切りにし、葉もざく切りにする。
2　しょうがはせん切りに、赤唐辛子は小口切りにする。
3　フライパンにサラダ油を熱して**2**を炒め、香りが立ったら**1**のむきえびを加えて炒める。色が変わったら**1**のセロリと葉も加えてさらに炒め、**B**を加えてさっと炒め合わせる。

セロリの浅漬け
香り高い漬け物で後味さっぱり！

すぐでき！

5分 / 14kcal / 冷蔵4日 / 冷凍1か月

●材料（6回分）
セロリ……2本（200g）
昆布（10cm×10cm）……1枚
A［白いりごま……小さじ2 / 酢……小さじ1 / 塩……小さじ⅔］

●作り方
1　セロリはすじを取り、縦半分に切ってから8mm厚さの斜め切りにする。昆布はキッチンばさみで細切りにする。
2　保存容器に**1**、**A**を入れて軽くもみ、冷蔵庫でなじませる。

味ガェ！
●酢小さじ1、塩小さじ⅔ ➡ **塩こうじ大さじ2**
まろやかな塩こうじ漬けにしても絶妙。

お弁当便利コラム 3

カラフルピクルス

5分 / 冷蔵5日

すきまに彩りがほしいときにぴったりのピクルスレシピです。

> ●基本のピクルス液
> 水 …………… 100mℓ
> 酢 …………… 50mℓ
> 砂糖 ………… 大さじ2
> 塩 …………… 小さじ2/3
>
> ●基本のピクルスの作り方
> 基本のピクルス液の材料をひと煮立ちさせて粗熱をとる。保存容器に入れ、食材を下ごしらえして漬ける。

生のまま漬けてOK！

パプリカとかぶのピクルス（19kcal）

●材料（6回分）
- パプリカ（赤・黄）… 各小1個 ➡ 乱切り。
- かぶ ……………… 1個 ➡ 皮をむいて6等分のくし形切り。
- 基本のピクルス液 …… 全量
- 赤唐辛子 ………… 1/2本 ➡ 種を除く。
- 黒粒こしょう ……… 5粒
- タイム（あれば）…… 2本

箸休めにいいシャキシャキ食感

みょうがのピクルス（10kcal）

●材料（6回分）
- みょうが ………… 12本 ➡ 熱湯で10秒ゆでる。
- 基本のピクルス液 …… 全量

少し厚めに切って食感を残して！

れんこんのカレーピクルス（31kcal）

●材料（6回分）
- れんこん ………… 1節 ➡ 半月切りにして熱湯で2〜3分ほどゆでる。
- 基本のピクルス液 …… 全量
- カレー粉 ………… 小さじ1/4
- にんにく ………… 1/2片 ➡ つぶす。
- 赤唐辛子 ………… 1/2本 ➡ 種を除く。
- 黒粒こしょう ……… 5粒

レンジで火を通せば辛くない！

赤玉ねぎのピクルス（33kcal）

●材料（6回分）
- 赤玉ねぎ ………… 2個 ➡ 一口大に切り電子レンジ（600W）で1分加熱する。
- 基本のピクルス液 …… 全量 ➡ 砂糖をはちみつ大さじ2に替える。
- 赤唐辛子 ………… 1/2本 ➡ 種を除く。
- 黒粒こしょう ……… 5粒

3

地味でもおいしい！
しみじみ副菜

白や茶色で見た目は地味だけど、食べるとほっとする副菜の
おかず。毎日のおかずにも重宝すること、間違いなしです。

じゃがいもはつぶさずに食感よく！

ポテトサラダ

25分 / 268kcal / 冷蔵3日 / 冷凍✗

● 材料（6回分）
- じゃがいも　3個（600g）
- にんじん　1本
- 玉ねぎ　½個
- きゅうり　2本
- 塩　小さじ⅓
- ロースハム　6枚
- マヨネーズ　100g
- A
  - オリーブ油　大さじ2
  - 酢　大さじ1
  - 塩　小さじ⅔
  - こしょう　少々

● 作り方

1. じゃがいもは皮をむいて8等分に切り、にんじんは5mm厚さのいちょう切りにしていっしょに鍋に入れ、たっぷりの水を入れて10〜15分ほどゆでる。
2. 玉ねぎは薄切り、きゅうりは薄い輪切りにして塩もみして水けを絞る。ロースハムは細切りにする。
3. 1のじゃがいもに竹串が通ったら、2の玉ねぎを加えてさっと混ぜ、ザルに上げてしっかり水けをきる。
4. 3をボウルに入れ、熱いうちにAを加えて混ぜ、粗熱がとれたら、マヨネーズ、2のきゅうり、ロースハムを加えて、さっくり混ぜる。

ポテトサラダ バリエ

1. レモンの香りでさっぱり！
2. 明太マヨのうまみたっぷり！
3. オシャレなマスタードの隠し味！

1. レモンポテトサラダ　129kcal

● 材料と作り方

じゃがいも3個は1と同様に切ってゆで、塩小さじ¼をふり、紫玉ねぎ¼個は薄切りにし、サラダ油大さじ3、レモン汁大さじ1½、パセリ（みじん切り）大さじ1、塩小さじ⅔、コンソメスープの素（顆粒）小さじ1と混ぜる。

2. 明太ポテトサラダ　179kcal

● 材料と作り方

じゃがいも3個は1と同様に切ってゆで、塩小さじ¼をふり、缶汁をきったホールコーン缶130g、辛子明太子60g、マヨネーズ大さじ6を混ぜ、万能ねぎ（小口切り）適量を散らす。

3. デリ風ポテトサラダ　179kcal

● 材料と作り方

じゃがいも3個は1と同様に切ってゆで、塩小さじ¼をふり、ゆで卵3個は殻をむいてつぶし、マヨネーズ大さじ4½、粒マスタード大さじ1、塩・こしょう各少々と混ぜる。

3 しみじみ副菜 じゃがいも

20分 | 165kcal | 冷蔵3日 | 冷凍×

20分 | 88kcal | 冷蔵3日 | 冷凍×

じゃがいも&ツナの名コンビをさっぱり味で
じゃがいもといんげんのツナあえ

●材料（6回分）
じゃがいも……………… 3個（600g）
さやいんげん……………………… 10本
塩 ………………………………小さじ¼
ツナ缶 ……………………… 1缶（70g）
A [玉ねぎ（みじん切り）…… 大さじ3
　　酢、オリーブ油………… 各大さじ3
　　塩 …………………………小さじ½
　　こしょう ……………………… 少々]

●作り方
1 じゃがいもは皮をむいて一口大に切る。さやいんげんはすじを取り、3cm長さの斜め切りにする。ツナは缶汁をきる。

2 1のじゃがいもは竹串が通るまでゆで、1のさやいんげんを加えてさっとゆで、ザルに上げてしっかり水けをきって塩をふる。

3 ボウルに2、ツナ、Aを入れて混ぜ合わせる。

チーズのコクと黒こしょうが絶妙！
チーズ粉ふきいも

●材料（6回分）
じゃがいも‥3個（600g）
パセリ……………… 1枝
A [粉チーズ…… 大さじ4
　　塩 ………… 小さじ¼
　　粗びき黒こしょう
　　　……………… 少々]

●作り方
1 じゃがいもは皮をむいて一口大に切る。

2 1は竹串が通るまでゆで、ゆで汁を捨てて再び火にかけ、じゃがいもを転がすように鍋をゆすって、粉ふきいもにする。

3 2にみじん切りにしたパセリ、Aを加えて混ぜ合わせる。

+1で味ガエ！

＋オリーブ油 オリーブ油を少量加えると、なめらかでしっとりとした味わいになる。

香ばしい口当たりでつまみやすい
じゃがいもとハムのガレット

(25分 / 150kcal / 冷蔵4日 / 冷凍1か月)

●材料（6回分）
- じゃがいも……3個（600g）
- ロースハム……3枚
- 小麦粉……大さじ2
- 塩、こしょう……各少々
- オリーブ油……大さじ3

●作り方
1. じゃがいもは皮をむいてせん切り、ロースハムもせん切りにする。
2. ボウルに1を入れ、小麦粉、塩、こしょうを加えて、全体にまぶす。
3. フライパンにオリーブ油を熱し、2を一口大ずつ並べて入れ、弱めの中火で焼く。ヘラで押しつけながらときどき裏返し、2〜3分ほど両面をこんがりと焼く。

ホクホクじゃがを甘辛バターじょうゆで
じゃがバタうま煮

(20分 / 122kcal / 冷蔵3日 / 冷凍×)

●材料（6回分）
- じゃがいも……3個（600g）
- バター……15g
- A
  - だし汁……250mℓ
  - 酒……大さじ4
  - しょうゆ……大さじ2½
  - 砂糖……大さじ2
  - みりん……大さじ1

●作り方
1. じゃがいもは皮をむいて大きめの一口大に切る。
2. 鍋に1とAを入れて煮立て、弱火で煮汁が少なくなるまで煮て、バターを加えて全体にからめる。

味ガエ！
- バター15g ➡ **ごま油大さじ1**
  香ばしい和風味も食欲をそそる！

3 しみじみ副菜 じゃがいも

15分 | 131kcal | 冷蔵4日 | 冷凍×

すがすがしいセロリの香りが広がる
じゃがいもとセロリのせん切りマリネ

●材料（6回分）
じゃがいも･･････3個（600g）
セロリ･･････････½本
セロリの葉（みじん切り）
　　　　　　　　大さじ1
A ┃ オリーブ油･･大さじ3
　 ┃ 酢･･････････大さじ2
　 ┃ 砂糖･･････大さじ½
　 ┃ 塩･･･････小さじ⅓
　 ┃ こしょう･････少々

●作り方
1 じゃがいもは皮をむいてせん切りにし、水にさらす。熱湯でさっとゆでて水にさらし、ザルに上げてしっかりと水けをきる。
2 セロリもせん切りにして水にさらす。
3 1、2、Aを混ぜ合わせ、セロリの葉を散らす。

15分 | 90kcal | 冷蔵4日 | 冷凍×

カレー風味でどこかなつかしい味
じゃがいものカレー煮

●材料（6回分）
じゃがいも･････････3個（600g）
パセリ（みじん切り）･････････適量
A ┃ 水････････････････200㎖
　 ┃ カレー粉･･････････小さじ1
　 ┃ コンソメスープの素（固形）･･･1個
　 ┃ バター･･･････････15g

●作り方
1 じゃがいもは皮をむいて1cm幅のいちょう切りにする。
2 鍋に1、Aを入れて10～15分ほど蒸し煮にし、パセリを散らす。

味ガェ！
●カレー粉小さじ1 ➡ **トマトケチャップ大さじ2**
ケチャップの甘さがしみた子どもも大好きなおかずに。

甘い玉ねぎをピリッとさわやかな香りで
玉ねぎのゆずこしょう焼き

15分 / 37kcal / 冷蔵4日 / 冷凍1か月

●材料（6回分）
玉ねぎ……2個（400g）
サラダ油……適量
A｜ポン酢しょうゆ……大さじ2
　｜ゆずこしょう……小さじ2/3

●作り方
1 玉ねぎは6等分のくし形に切る。
2 フライパンに薄くサラダ油をひき、1を並べ入れて中火で焼く。
3 焼き色がついたら裏返し、ふたをして弱火で蒸し焼きにし、Aを加えて強火で味をからめる。

ラクテク！ 玉ねぎのくし形切り
玉ねぎはヘタをすべて切り落とさず、芯を少し残してくし形切りにすると、バラバラにならずに調理しやすい。

すぐでき！

ほんのりスパイシーなマリネを肉料理に添えて
玉ねぎのカレーマリネ

5分 / 43kcal / 冷蔵5日 / 冷凍×

●材料（6回分）
玉ねぎ……2個（400g）
ローリエ……1枚
赤唐辛子（種を取る）……1本分
A｜酢……大さじ4
　｜砂糖……大さじ2
　｜カレー粉、塩……各小さじ1

●作り方
1 玉ねぎは1cm幅のくし形に切り、耐熱容器に入れて電子レンジ（600W）で2分ほど加熱する。
2 保存容器にAを入れてよく混ぜ、1、ローリエ、赤唐辛子を加えて冷蔵庫で味をなじませる。

味ガエ！
● 砂糖大さじ2 ➡ はちみつ大さじ2 1/2
軽い甘さのはちみつを隠し味にしても。

3 しみじみ副菜 | 玉ねぎ

15分 | 73kcal | 冷蔵4日 | 冷凍1か月

25分 | 192kcal | 冷蔵3日 | 冷凍1か月

じゃこの香ばしさが玉ねぎにマッチ！

玉ねぎとじゃこの炒め物

●材料（6回分）
玉ねぎ……2個（400g）
ちりめんじゃこ……20g
ピーマン……2個
サラダ油……大さじ2
塩……小さじ1/2
こしょう……少々
しょうゆ……小さじ2

●作り方
1 玉ねぎは2cm角に、ピーマンは1cm角に切る。
2 フライパンにサラダ油を熱し、1の玉ねぎ、ちりめんじゃこを炒め、玉ねぎがすき通ったら1のピーマンを加えて、さらに炒める。
3 塩、こしょうで味を調え、しょうゆを加えて炒め合わせる。

+1で味ガエ！

＋白いりごま 白いりごまをふると、より香ばしさがアップ。

玉ねぎが主役のカツは食べごたえも十分

玉ねぎの豚巻きカツ

●材料（6回分）
玉ねぎ……1個（200g）
豚ロース薄切り肉
　（しゃぶしゃぶ用）……12枚
青じそ……12枚
塩、こしょう……各少々
小麦粉、溶き卵、パン粉
　……各適量
揚げ油……適量
中濃ソース……適量

●作り方
1 玉ねぎは12等分のくし形に切る。
2 豚ロース薄切り肉を広げ、それぞれ青じそ1枚をのせ、塩、こしょうをふり、その上に1をのせて巻く。
3 2に小麦粉、溶き卵、パン粉の順に衣をつけ、170℃の揚げ油できつね色になるまで揚げる。好みでソースをかける。

保存の名人アドバイス

そのまま冷凍 そのまま冷凍用保存袋に入れて冷凍。解凍したらオーブントースターで加熱して衣をサクッとさせて。

ザーサイの香ばしい歯ごたえが味のポイント！
もやしとピーマンのレンジ蒸し

●材料（6回分）
もやし……2袋（400g）
ザーサイ……80g
ピーマン……4個

A [しょうゆ……大さじ1
    鶏がらスープの素
     （顆粒）……小さじ⅓
    黒こしょう……少々]

●作り方
1 ピーマンは縦半分に切り、横に薄切りにする。ザーサイはせん切りにする。
2 耐熱容器にもやし、1を入れてふんわりとラップをし、電子レンジ（600W）で3分加熱し、ザルに上げてしっかり水けをきる。
3 2に混ぜ合わせたAを加えてあえる。

ラクテク！
ザーサイの下ごしらえ
市販の瓶詰めザーサイは全部せん切りにして保存しておくと、炒め物やラーメンの具などにさっと使えて便利。

ごま油の香りがうれしい優秀時短メニュー
もやしのナムル

●材料（6回分）
もやし……2袋（400g）

A [白いりごま……大さじ2
    ごま油……大さじ1⅓
    塩……小さじ⅓
    粗びき黒こしょう、ラー油……各少々
    おろしにんにく……1片分]

●作り方
1 もやしは熱湯でさっとゆでて水けをきる。
2 ボウルにAを入れて混ぜ、1を加えてあえる。

味ガェ！
● おろしにんにく1片分 ➡ **レモン汁小さじ2**
においを避けたい日にはさっぱり味に仕上げても。

3 しみじみ副菜　もやし

ベーコンのうまみが主役の変わりチヂミ

もやしとベーコンのチヂミ

⏱15分　149kcal　冷蔵3日　冷凍1か月

●材料（6回分）
- もやし……2袋（400g）
- ベーコン……4枚
- ごま油……大さじ½
- コチュジャン……適量

A
- 溶き卵½個＋水……200㎖
- 小麦粉……100g
- 片栗粉……大さじ1
- 塩……小さじ⅔
- 砂糖……小さじ½

●作り方
1. ベーコンは細切りにする。
2. ボウルにAを合わせてよく混ぜる。
3. フライパンにごま油を熱し、2をお玉½杯分入れ、1、もやしを適量のせ、さらに生地をお玉½杯分回しかけて中火で焼く。
4. 裏返して両面をこんがり焼く。同様に残りも焼いて12枚作り、好みでコチュジャンを添える。

エスニック風にピリッとキメる

豆もやしのヤムウンセン

⏱15分　82kcal　冷蔵3日　冷凍×

●材料（6回分）
- 豆もやし……1袋（200g）
- きゅうり……1本
- にんじん……¼本
- 塩……少々
- ピーナッツ……45g

A
- 桜えび……大さじ4（8g）
- 酢……大さじ1½
- ナンプラー、サラダ油……各小さじ2
- おろししょうが……小さじ½
- 赤唐辛子（小口切り）……½本分
- 塩、こしょう……各少々

●作り方
1. ボウルにAを入れて混ぜる。
2. 豆もやしは熱湯で3分ほどゆでてザルに上げ、しっかり水けをきって熱いうちに1に加えてあえる。
3. きゅうりとにんじんはせん切りにし、塩もみする。
4. 2の粗熱がとれたら、3を加えてさっくり混ぜ、砕いたピーナッツを散らす。

うまみを凝縮したとろみがお弁当向け

八宝菜風炒め物

⏱15分 ／ 86kcal ／ 冷蔵3日 ／ 冷凍1か月

●材料（6回分）
白菜……… ⅛株（200g）
豚こま切れ肉……… 80g
ピーマン……… 2個
にんじん……… ⅓本
ごま油……… 大さじ2
塩……… 少々

A［
水……… 100㎖
しょうゆ、片栗粉
　……… 各小さじ2
鶏がらスープの素
　（顆粒）…小さじ½
こしょう……… 少々
］

●作り方
1 白菜は縦半分に切って2cm幅に切る。ピーマンは縦半分に切って種を取り除き、8mm幅の斜め切りにする。にんじんは短冊切りにする。
2 豚こま切れ肉は2cm幅に切る。
3 フライパンにごま油を熱し、2を炒めて塩をふり、色が変わったら1を加え、しっかり炒め合わせる。
4 全体に油が回ったらAを加え、とろみがつくまで炒め合わせる。

磯の香りにシャキッと白菜が爽快

白菜とわかめのあえ物

⏱15分 ／ 44kcal ／ 冷蔵3日 ／ 冷凍×

●材料（6回分）
白菜……… ¼株（400g）
カットわかめ（乾燥）
　……… 大さじ2
かに風味かまぼこ… 6本

A［
ポン酢しょうゆ 60㎖
だし汁……… 大さじ2
サラダ油……… 大さじ1
］

●作り方
1 白菜は細切りにし、熱湯でさっとゆでて水にとり、水けを絞る。
2 わかめは水で戻して水けをきる。かに風味かまぼこは長さを半分に切って手でほぐす。
3 ボウルにAを入れて混ぜ、1、2を加えてあえる。

+1で味ガエ！
＋練り辛子
パンチのある刺激が加わり大人向けの味に。七味唐辛子などをふってもよい。

3 しみじみ副菜 白菜

すぐでき！

5分 / 21kcal / 冷蔵5日 / 冷凍×

ピリッとした辛さに粉山椒で香り高く

ラーパーツァイ

●材料（6回分）
白菜……… ⅛株（200g）
ラー油……………… 適量
A ┌ 砂糖、酢‥各大さじ1
　│ しょうゆ…… 小さじ2
　│ 赤唐辛子……… ½本
　└ 塩、粉山椒‥各少々

●作り方
1 白菜は3cm長さ、1cm幅の細切りにする。
2 耐熱容器に1、合わせたAを入れ、ふんわりラップをして電子レンジ（600W）で1〜2分ほど加熱し、そのまま冷ましてラー油をかける。

味ガエ！
●ラー油適量 ➡ ごま油適量
辛いのが苦手な人は、ごま油で香ばしくしても。

15分 / 22kcal / 冷蔵3日 / 冷凍×

みずみずしい歯ざわりが魅力

白菜のコールスロー

●材料（6回分）
白菜……… ⅛株（200g）
紫玉ねぎ………… ¼個
塩……………… 小さじ⅔
A ┌ マヨネーズ‥大さじ½
　│ 酢、オリーブ油
　│ ………… 各小さじ1
　└ こしょう……… 少々

●作り方
1 白菜はせん切りに、紫玉ねぎは薄切りにして合わせ、塩をふってもむ。10分ほどおき、しんなりしたら水けをしっかり絞る。
2 ボウルにA、1を入れてあえる。

味ガエ！
●酢、オリーブ油各小さじ1
➡ ポン酢しょうゆ大さじ1
子どもも大好きマヨポン味にしてもキマる。

大根の千枚漬け風

あるとうれしいゆず香るさわやか漬け物

15分 / 16kcal / 冷蔵5日 / 冷凍1か月

●材料（6回分）
- 大根……… 1/3本（300g）
- 刻み昆布……… 5g
- ゆずの皮……… 3枚
- 赤唐辛子……… 1/3本
- A［水……… 100ml／塩……… 大さじ1/2］
- B［水、酢……… 各大さじ1／みりん……… 大さじ1/2／砂糖……… 小さじ1/2］

●作り方
1. 大根は皮をむいて薄いいちょう切りにし、合わせたAに10分ほど浸ける。しんなりしたら、水けを絞る。ゆずの皮は細切り、赤唐辛子は小口切りにする。
2. 保存容器に1、Bを入れてよく混ぜ、冷蔵庫で味をなじませる。

おしゃれ食材 ゆずの皮
さわやかな香りと明るい黄色がプラスされる和風食材。皮は薄くむいて使う。残った実は絞って、レモン汁替わりに使って。

コンソメ大根

ベーコンとバターのきいた洋風味

15分 / 94kcal / 冷蔵3日 / 冷凍1か月

●材料（6回分）
- 大根……… 1/2本（400g）
- ベーコン……… 4枚
- バター……… 20g
- コンソメスープの素（顆粒）……… 小さじ2
- 塩、こしょう……… 各少々

●作り方
1. 大根は5mm幅のスティック状に、ベーコンは短冊切りにする。
2. フライパンにバターを溶かし、1を炒める。
3. 大根がしんなりしたらコンソメスープの素、塩、こしょうを加えて味を調える。

保存の名人アドバイス 小分け冷凍
1回分ずつラップで包んで冷凍用保存袋に入れて冷凍。バターを使っているので、電子レンジ解凍は加熱しすぎないように。

3 しみじみ副菜 大根

すぐでき！

5分 / 43kcal / 冷蔵5日 / 冷凍×

ポリポリ大根コンビがすがすがしい

大根とたくあんのあえ物

●材料（6回分）
大根……………………⅓本（300g）
きゅうり………………………1本
たくあん……………………100g
ごま油……………………大さじ1
白いりごま………………大さじ1

●作り方

1 きゅうりは5mm厚さに切り、大根とたくあんは、きゅうりの大きさに合わせて、半月切りかいちょう切りにする。

2 合わせた1を軽くもんで味をなじませ、ごま油、白いりごまを加えてあえる。

味ガエ！

●ごま油大さじ1 ➡ ラー油小さじ1〜2
ピリ辛中華漬け風の味つけに。

15分 / 51kcal / 冷蔵4日 / 冷凍1か月

コロコロ切って甘辛こっくり味に

大根のしょうが焼き

●材料（6回分）
大根………⅓本（300g）
大根の葉…………少々
サラダ油……大さじ1⅓

A｜ 酒…………大さじ2
　　 しょうゆ…大さじ1⅓
　　 砂糖、みりん、
　　 しょうがの絞り汁
　　 ………各小さじ2

●作り方

1 大根は皮をむき、1.5cm角に切る。大根の葉は塩ゆでし、みじん切りにする。

2 フライパンにサラダ油を熱し、1の大根をこんがりと焼き目がつくまで炒める。

3 Aを加え、かき混ぜながら汁けがなくなるまで炒める。保存容器に入れ、1の大根の葉を散らす。

+1で味ガエ！

＋かつお節　和のだしをきかせて仕上げても。

おなじみの和惣菜はやっぱりおいしい！

きんぴらごぼう

15分 / 79kcal / 冷蔵5日 / 冷凍1か月

●材料（6回分）
ごぼう……1本（200g）
にんじん……1本
サラダ油……大さじ1½
A [砂糖、しょうゆ、酒……各大さじ1½
　　白いりごま……大さじ½]

●作り方
1. ごぼうは皮をこそげて5cm長さのせん切りにし、水にさらしてから水けをきる。にんじんも5cm長さのせん切りにする。
2. フライパンにサラダ油を熱して1のごぼうを炒め、油が回ったら1のにんじんを加えて炒め合わせる。
3. Aを加えて炒め、汁けがなくなったら白いりごまをふる。

きんぴらごぼう バリエ

青のりで香ばしく！ 1
うま辛しっかり味に！ 2
シャレた洋風味に！ 3

1. のり塩きんぴら　81kcal
●材料と作り方
ごぼう1本は斜め薄切り、れんこん1節はいちょう切りにし、ごま油大さじ1½で炒め、みりん大さじ2、塩・鶏がらスープの素（顆粒）各小さじ½を加え炒め、青のり大さじ1をふる。

2. 韓国風きんぴら　75kcal
●材料と作り方
ごぼう1本は5mm幅の細切り、パプリカ（赤）1個も同様に切り、ごま油大さじ1½で炒め、砂糖大さじ1、しょうゆ小さじ2、酒大さじ1、塩少々、コチュジャン小さじ2を加え炒め、白すりごま大さじ½をふる。

3. バルサミコきんぴら　59kcal
●材料と作り方
ごぼう1本は縦半分に切って斜め薄切り、しめじ2袋は小房に分け、オリーブ油大さじ1½で強火で炒め、赤唐辛子（小口切り）½本分、バルサミコ酢大さじ2、しょうゆ大さじ1を加え炒め、パセリ（みじん切り）適量をふる。

3 しみじみ副菜 ごぼう

⏲15分 155kcal 冷蔵4日 冷凍1か月

ごぼうの風味と豚肉のコクがよく合う！

ごぼうと豚肉のさっと煮

●材料（6回分）
ごぼう……1本（200g）
豚バラ薄切り肉……100g
サラダ油……大さじ1
七味唐辛子……適量
A｛ だし汁……300㎖
　　みりん、しょうゆ……各大さじ4
　　砂糖……大さじ2

●作り方
1 ごぼうは皮をこそげてささがきにし、水にさらしてから水けをきる。豚バラ薄切り肉は一口大に切る。
2 フライパンにサラダ油を熱し、1を炒める。
3 ごぼうがしんなりとしてきたら、Aを加え、アクを取りながら5分ほど煮る。好みで七味唐辛子をふる。

ラクテク！ ごぼうの皮むき
ごぼうの皮は、くしゃくしゃにしたアルミホイルでごぼうを包むようにしてこそげると、手早くラクラク。

⏲20分 35kcal 冷蔵4日 冷凍1か月

切り方もワザあり！ ひと味違った前菜風

ごぼうのペペロンチーノ

●材料（6回分）
ごぼう……1本（200g）
アンチョビー……1切れ
にんにく（薄切り）……½片分
赤唐辛子（小口切り）……½本分
オリーブ油……大さじ½
塩、粗びき黒こしょう……各少々

●作り方
1 ごぼうは皮をこそげて10cm長さに切り、ピーラーで薄切りにして水にさらす。アンチョビーはみじん切りにする。
2 フライパンにオリーブ油、にんにく、赤唐辛子を入れて弱火にかけ、香りが立ったら水けをきった1のごぼうとアンチョビーを加えて炒め合わせ、塩、粗びき黒こしょうで味を調える。

煮つめたトマトソースがよくからむ

根菜のトマト煮

●材料（6回分）
れんこん ……1節（200g）
にんじん ……………1本
ごぼう………1本（180g）
ベーコン ……………4枚
にんにく……………½片
オリーブ油……… 大さじ3
トマト水煮缶………… 1缶
コンソメスープの素
　（顆粒）………… 小さじ1
塩……………… 小さじ¼
砂糖………………… 少々

●作り方
1 れんこん、にんじんは皮をむき、ごぼうは皮をこそげ、それぞれ一口大の乱切りにする。ベーコンは1cm幅に切る。にんにくは包丁の腹でつぶす。
2 鍋にオリーブ油を熱して1のにんにくを炒め、香りが立ったら1のベーコンを加えて炒める。
3 1の根菜をすべて加え、しっかり油が回ったら、トマト水煮、コンソメスープの素を加え、10分ほど煮込み、塩、砂糖で味を調える。

たたいたれんこんの食感が楽しい！

たたきれんこんの甘辛炒め

●材料（6回分）
れんこん ……1節（200g）
ごま油 …………大さじ1
白いりごま………大さじ1
A［ しょうゆ…大さじ1½
　　砂糖、みりん
　　……… 各大さじ½ ］

●作り方
1 れんこんは皮をむいて縦4等分に切り、めん棒でたたいて一口大に割る。
2 フライパンにごま油を熱し、1を中火で炒める。
3 しっかり炒めて油が回ったらAを加え、照りが出るまで炒め合わせて、白いりごまをふる。

ラクテク！
れんこんをたたく
れんこんはポリ袋に入れてからめん棒でたたくと、飛び散らず処理がしやすく、めん棒も汚れない。

3 しみじみ副菜 / れんこん

⏱10分 68kcal 冷蔵4日 冷凍✗

シャキシャキ食感＋明太マヨは絶妙のおいしさ
れんこんと枝豆の明太マヨ

●材料（6回分）
- れんこん……1節（200g）
- 枝豆（冷凍）……15さや
- A
  - 酢……小さじ2
  - 砂糖……小さじ1
  - 塩……少々
- B
  - マヨネーズ……大さじ2
  - 辛子明太子……20g

●作り方
1. れんこんは皮をむいて薄い半月切りにする。枝豆は解凍してさやから出す。
2. 1のれんこんを熱湯でさっとゆで、合わせたAをまぶす。
3. ボウルにBを混ぜ、1の枝豆、2を混ぜ合わせる。

おしゃれ食材　枝豆
明るい緑色で、白や茶系のおかずに加えると映える食材。味と食感がアクセントになるので、冷凍でストックしておくと便利。

⏱15分 76kcal 冷蔵4日 冷凍✗

ベーコンのうまみでソテーした洋風惣菜
ジャーマンれんこん

●材料（6回分）
- れんこん……1節（200g）
- ベーコン……3枚
- 玉ねぎ……1/4個
- オリーブ油……大さじ1/2
- 塩……小さじ1/3
- こしょう……少々
- パセリ（みじん切り）……少々

●作り方
1. れんこんは皮をむいて一口大の乱切りにする。玉ねぎは5mm厚さのくし形に、ベーコンは7mm幅に切る。
2. フライパンにオリーブ油を熱して1のベーコンを炒め、1の玉ねぎ、れんこんを加えて、焼き色がつくまでしっかりと炒める。
3. 塩、こしょうで味を調え、パセリを散らす。

すぐでき!

⏱5分 | 19kcal | 冷蔵3日 | 冷凍✕

磯の香りとごま油で風味豊かに仕上げる
ねぎとわかめのしょうが炒め

● 材料（6回分）
- 長ねぎ ……… ½本
- カットわかめ（乾燥）… 10g
- しょうが ……… ½片
- ごま油 ……… 大さじ½
- A
  - しょうゆ ……… 小さじ1
  - 塩、こしょう ……… 各少々
- 白いりごま ……… 少々

● 作り方

1. 長ねぎは縦半分に切って斜め薄切りにする。わかめは水でもどしてしっかり水けを絞る。しょうがはせん切りにする。
2. フライパンにごま油を熱して1のしょうがを炒め、香りが立ったら1のわかめ、長ねぎを加えて炒め、Aを加えて炒め合わせ、白いりごまをふる。

保存の名人アドバイス
そのまま冷蔵　保存容器に入れて冷蔵。わかめが乾燥しやすいので、密閉できる容器に入れて。

⏱10分 | 61kcal | 冷蔵3日 | 冷凍1か月

ねぎをこんがり焼いて甘さを引き出して！
焼きねぎのマリネ

● 材料（6回分）
- 長ねぎ ……… 2本
- A
  - すし酢 ……… 大さじ4
  - 塩 ……… 小さじ½
  - オリーブ油 ……… 大さじ2

● 作り方

1. 長ねぎは4cm長さに切り、オーブントースターで焼き色がつくまで焼く。
2. ボウルにAを順に入れてそのつどよく混ぜ合わせ、1が熱いうちに漬け込む。

味ガエ！
● すし酢大さじ4 ➡ **ポン酢しょうゆ大さじ3**
和のマリネに仕立ててもおいしい。

3 しみじみ副菜 長ねぎ・たけのこ

すぐでき！

5分 / 31kcal / 冷蔵5日 / 冷凍1か月

じっくり炒めれば味がしみ込む！
自家製メンマ

●材料（6回分）
たけのこ（水煮） …… 1本（200g）
ごま油 …………… 大さじ½
ラー油 …………… 少々
A［ 水 ……………… 130ml
　　しょうゆ ……… 大さじ1弱
　　酒 ……………… 小さじ2
　　砂糖、みりん … 各小さじ1
　　鶏がらスープの素（顆粒）… 小さじ½ ］

●作り方
1 たけのこは穂先は薄切り、残りは短冊切りにする。
2 フライパンにごま油を熱し、1を焼き色がつくまで炒める。
3 Aを加えて弱めの中火で汁けがなくなるまで炒め合わせ、仕上げにラー油を回しかける。

10分 / 66kcal / 冷蔵4日 / 冷凍×

ゆかり＋オリーブ油のおいしいワザ
たけのこの和風ジェノベーゼ

●材料（6回分）
たけのこ（水煮） …… 1本（200g）
塩 ………………… 少々
A［ オリーブ油、白すりごま … 各大さじ2
　　ゆかり ………… 小さじ2 ］

●作り方
1 たけのこは小さめの乱切りにし、熱湯で2分ほどゆで、ザルに上げて塩をふる。
2 1をAであえる。

＋1で味ガエ！
＋ レモン汁　大さじ1をかけて、さっぱりドレッシング風に仕上げてもおいしい。

すぐでき！

5分 / 14kcal / 冷蔵4日 / 冷凍1か月

15分 / 183kcal / 冷蔵3日 / 冷凍1か月

ぷ〜んと香るカレーの風味でパクパク

えのきのカレー風味

●材料（6回分）
えのきだけ‥‥2袋（200g）
A [水‥‥‥‥400㎖
　　カレー粉‥‥小さじ2
　　サラダ油、塩‥‥各少々]
B [しょうゆ‥‥小さじ1
　　おろししょうが‥‥小さじ½]
パセリ（みじん切り）‥‥適量

●作り方
1 えのきだけは根元を切り落として、長さを半分に切る。
2 鍋にAを入れて沸かし、1を加えてさっとゆで、ザルに上げて水けをしっかりきる。
3 2とBを混ぜ合わせ、パセリを散らす。

ラクテク！
パセリのみじん切り
キッチンばさみでチョキチョキ切るか、まるごと冷凍し、冷凍のまま砕いて使えばとってもラクチン。

簡単オイル煮は冷めてもしっとり

きのこのアヒージョ

●材料（6回分）
マッシュルーム‥‥1パック
エリンギ‥‥‥‥1パック
しいたけ‥‥‥‥6個
にんにく‥‥‥‥2片
赤唐辛子‥‥‥‥1本
オリーブ油‥‥‥250㎖
塩‥‥‥‥‥‥小さじ¼

●作り方
1 しいたけは石づきを切り落とし、4等分に切る。マッシュルームは半分に切る。エリンギは長さを半分に切り、縦4等分に切る。
2 赤唐辛子は種を取り、にんにくはつぶす。
3 小鍋にすべての材料を入れて火にかけ、ふつふつとしてからさらに5分ほど煮る。

+1で味かえ！
＋粗びき黒こしょう
粗びき黒こしょうをガリッときかせて。香りよく、ちょっとしたおつまみにもぴったり。

3 しみじみ副菜 きのこ

こってり味のしみたきのこにご飯がすすむ！
きのこといんげんのオイスターソース炒め

15分 / 46kcal / 冷蔵4日 / 冷凍1か月

●材料（6回分）
- しいたけ……6個
- しめじ……1袋
- さやいんげん……12本
- しょうが……1片
- サラダ油……大さじ1½
- A
  - 酒……大さじ2
  - オイスターソース……大さじ½
  - 塩、こしょう……各少々

●作り方
1. しいたけは石づきを切り落とし、十字に4等分に切る。しめじは根元を切り落とし、小房に分ける。さやいんげんはヘタとすじを取り、3cm長さの斜め切りに、しょうがはみじん切りにする。
2. フライパンにサラダ油を熱し、1のしょうがを炒め、香りが立ったら、1のしいたけ、しめじ、さやいんげんを加えて炒め合わせる。
3. 油が回るまでしっかり炒めたら、Aを加え、照りが出るまで炒め合わせる。

にんにくバターで肉厚しいたけをジューシーに
しいたけのパセリバター焼き

15分 / 33kcal / 冷蔵4日 / 冷凍1か月

●材料（6回分）
- しいたけ……6個
- バター（常温にもどす）……20g
- A
  - パン粉……大さじ2
  - パセリ（みじん切り）……小さじ2
  - おろしにんにく、塩、こしょう……各少々

●作り方
1. しいたけは石づきを切り落とす。耐熱容器にアルミホイルを敷いてのせる。
2. バターをやわらかくしてAを混ぜ、1のしいたけの笠の内側につめる。
3. オーブントースターで3〜5分焼く。

保存の名人アドバイス
下味冷凍：焼く前のものを1回分ずつラップに包み、冷凍用保存袋に入れて冷凍。そのままオーブントースターで焼いてOK。

ヘルシーこんにゃくに甘辛味をしみ込ませて

手綱こんにゃくの煮物

●材料（6回分）
こんにゃく（黒・白）………各1枚
A ┏ だし汁 ……………… 400㎖
  ┃ 砂糖 ……………… 大さじ2
  ┃ みりん …………… 大さじ1½
  ┗ しょうゆ ………… 大さじ1

●作り方
1 こんにゃくは8mm幅に切り、中央に2cmくらいの切り込みを入れ、一方の端をくぐらせてねじり、形を整えたら、3分ほど下ゆでする。
2 鍋にA、1を入れ、10分ほど煮る。

+1で味ガエ！

＋ 赤唐辛子（小口切り）　ピリ辛でご飯がいっそうすすむ一品に。

こってり食べごたえアリなのにカロリー安心

こんにゃくの豚肉巻き

●材料（6回分）
こんにゃく ………………… 1枚
豚ロース薄切り肉 ……… 12枚
片栗粉 …………………… 適量
サラダ油 ………………… 大さじ½
七味唐辛子 ……………… 適量

A ┏ 酒、しょうゆ
  ┗ ……… 各大さじ½

B ┏ 水 ……………… 大さじ3
  ┃ 砂糖 …………… 大さじ2
  ┃ 酒、しょうゆ
  ┃ ……… 各大さじ1½
  ┗ みりん ………… 大さじ1

●作り方
1 こんにゃくは横に12等分に切って熱湯で下ゆでし、合わせたAをからめる。
2 豚ロース薄切り肉を広げて片栗粉を薄くまぶし、1をのせて巻く。
3 フライパンにサラダ油を熱し、2の巻き終わりを下にして焼く。しっかり焼き色がついたらBを加え、照りが出るまで煮詰める。好みで七味唐辛子をふる。

3 しみじみ副菜 こんにゃく・しらたき

コクのあるプチプチたらこがくせになる！

しらたきのたらこ煮

10分 / 31kcal / 冷蔵4日 / 冷凍×

● 材料（6回分）
しらたき……1袋（350g）
たらこ……1腹（60g）
A｜ だし汁……50㎖
　　酒……大さじ2
　　みりん……大さじ1
　　しょうゆ……小さじ1

● 作り方
1 しらたきは熱湯で下ゆでし、食べやすい大きさに切る。
2 たらこは薄皮をむいてほぐし、Aと合わせて鍋に入れ、1も加えて火にかける。混ぜながら汁けがなくなるまで炒り煮にする。

ラクテク！ しらたきの切り方
しらたきを下ゆでし、ザルに上げてからそのままキッチンばさみでカットすると、まな板が汚れずお手軽。

お弁当に一品はほしいしっかり味のウマ惣菜！

しらたきのチャプチェ

20分 / 108kcal / 冷蔵3日 / 冷凍×

● 材料（6回分）
しらたき……1袋（350g）
牛もも薄切り肉……100g
にんじん……¼本
にら……1束
しょうが、にんにく……各½片
ごま油……大さじ1
A｜ しょうゆ……大さじ4
　　砂糖、酒、みりん……各大さじ2
白いりごま……大さじ½

● 作り方
1 にんじんはせん切り、にらは2cm長さ、しょうが、にんにくはみじん切りにする。牛もも薄切り肉は細切りにする。
2 しらたきは食べやすい大きさに切り、フライパンでから炒りして水けをとばす。
3 フライパンにごま油を熱し、1のしょうが、にんにくを炒める。香りが立ったら1の牛肉を加えて炒め、肉の色が変わったら1のにんじんも加えて炒め合わせる。A、2を加え、水けがなくなるまで炒め煮にし、1のにらを加えてさっと炒め、白いりごまをふる。

軽い味わいのさっぱりひじきサラダ
ひじきと玉ねぎの甘酢サラダ

⏱15分 | 23kcal | 冷蔵4日 | 冷凍✕

●材料（6回分）
- 芽ひじき（乾燥）……20g
- 紫玉ねぎ……½個
- かつお節……1パック
- A
  - 酢……50mℓ
  - 砂糖……大さじ1
  - 塩……小さじ⅔

●作り方
1. 芽ひじきは水でもどし、熱湯でさっとゆでてザルに上げる。
2. 紫玉ねぎは薄切りにしてAと混ぜ、玉ねぎがしんなりしたら1を加えて混ぜ、かつお節を加えてさっくり混ぜる。

味ガエ！
- かつお節1パック ➡ ゆかり小さじ1
  さわやかなゆかりの香りただよう一品にしても。

定番煮物にパプリカを加えておいしいひと工夫
野菜入りひじき煮

⏱15分 | 52kcal | 冷蔵4日 | 冷凍1か月

●材料（6回分）
- 芽ひじき（乾燥）……20g
- パプリカ（赤）……1個
- さやえんどう……8枚
- サラダ油……大さじ1
- A
  - だし汁……100mℓ
  - 砂糖……大さじ2
  - しょうゆ……大さじ1½
  - 酒……大さじ1

●作り方
1. 芽ひじきは水でもどし、水けをきる。パプリカは種を取り除き、細切りにする。
2. さやえんどうは塩ゆでし、斜め細切りにする。
3. 鍋にサラダ油を熱し、1を炒める。全体に油が回ったら、Aを加えて煮汁がほとんどなくなるまで煮て2を加え、ひと混ぜする。

3 しみじみ副菜

ひじき・切り干し大根

シャキシャキとしたアイデアナポリタン

切り干しナポリタン

⏱15分 / 83kcal / 冷蔵4日 / 冷凍1か月

●材料（6回分）
- 切り干し大根……50g
- ソーセージ……3本
- 玉ねぎ……小1個
- ピーマン……1個
- サラダ油……大さじ1
- 塩、こしょう……各少々
- A [トマトケチャップ……大さじ3 / めんつゆ（ストレート）……大さじ½]

●作り方

1. 切り干し大根は水でもどしてさっと洗い、水けを絞ってざく切りにする。ソーセージは斜め薄切り、玉ねぎは薄切り、ピーマンは薄い輪切りにする。
2. フライパンにサラダ油を熱して1を炒め、油が回ったらAを加えて炒め、塩、こしょうで味を調える。

味ガエ！
● サラダ油大さじ1 → バター15g
コクをプラスしてマイルドな味わいに。

香ばしく炒めたじゃこがイイ仕事！

じゃこ入り切り干し大根

⏱20分 / 46kcal / 冷蔵4日 / 冷凍1か月

●材料（6回分）
- 切り干し大根……30g
- にんじん……¼本
- ちりめんじゃこ……大さじ3
- ごま油……大さじ1
- A [だし汁……250mℓ / しょうゆ、酒……各大さじ1 / 砂糖……大さじ½]

●作り方

1. 切り干し大根は水でもどしてさっと洗い、水けを絞ってざく切りにする。にんじんはせん切りにする。
2. 鍋にごま油を熱し、ちりめんじゃこ、1を炒め、全体に油が回ったらAを加え、煮汁がほとんどなくなるまで煮る。

ラクテク！
にんじんのせん切り：ピーラーでむいたにんじんを重ねてから包丁で刻むと、ラクに仕上がる。

簡単に味がキマる即席カラフル漬け
昆布とパプリカのめんつゆ漬け

5分 / 28kcal / 冷蔵5日 / 冷凍×

●材料（6回分）
- 刻み昆布 ………………… 10g
- パプリカ（赤・黄）………… 各1個
- めんつゆ（ストレート）…… 200mℓ
- 赤唐辛子 ………………… ½本

●作り方

1. パプリカは乱切りにする。刻み昆布はさっと洗い、水けをきる。赤唐辛子は小口切りにする。
2. 保存容器に1、めんつゆを入れ、冷蔵庫で半日ほど漬ける。

+1で味ガエ！

➕ ごま油 … しっとり香ばしいコクを加えてひと味変えても。

時間が経つほどに味がしみるほっこり煮物
昆布とさつまいもの煮物

20分 / 45kcal / 冷蔵4日 / 冷凍1か月

●材料（6回分）
- 刻み昆布 ………………… 10g
- さつまいも ……… 小1本（150g）
- だし汁 …………………… 300mℓ
- 砂糖 ……………………… 大さじ1½
- しょうゆ ………………… 小さじ1

●作り方

1. さつまいもは皮つきのまま1cm厚さの半月切りにし、水にさらす。
2. 鍋に1、だし汁を入れて煮立て、砂糖を加えて5分ほど煮る。
3. さつまいもがやわらかくなったら、刻み昆布を加え、5分ほど煮る。しょうゆを加え、さらに2分ほど煮て、そのまま冷ます。

3 しみじみ副菜 ｜ 昆布・わかめ

甘い口当たりのちくわが優秀な引き立て役
わかめとちくわの ごま酢あえ

10分 / 59kcal / 冷蔵3日 / 冷凍×

●材料（6回分）
- カットわかめ（乾燥）……10g
- ちくわ……3本
- きゅうり……1本
- 塩……少々
- A
  - 白すりごま、酢……各大さじ3
  - 薄口しょうゆ……大さじ1
  - 砂糖……小さじ2

●作り方
1. わかめは水でもどし、水けをしっかり絞る。きゅうりは薄い輪切りにし、塩をふってしばらくおき、水けを絞る。ちくわは薄い輪切りにする。
2. 1を合わせたAでさっくりあえる。

+1で味ガエ！
＋おろししょうが
おろししょうがですっきりとしたあと口に。

シャッキリもやしに海の香りを添えて
わかめともやしの 中華炒め

10分 / 31kcal / 冷蔵3日 / 冷凍1か月

●材料（6回分）
- カットわかめ（乾燥）……10g
- もやし……1袋
- 長ねぎ……¼本
- ごま油……大さじ1
- しょうゆ……大さじ1
- 塩、こしょう、一味唐辛子……各少々

●作り方
1. わかめは水でもどし、水けを絞る。長ねぎはみじん切りにする。
2. フライパンにごま油を熱し、1の長ねぎを炒め、1のわかめ、もやしを加えて強火でさっと炒め合わせる。
3. しょうゆを回し入れ、塩、こしょうで味を調え、仕上げに一味唐辛子をふる。

ラクテク！
長ねぎのみじん切り
長ねぎにフォークを刺して引っぱり、複数本の切り込みを入れてから包丁で刻むと、簡単にみじん切りができる。

洋風のコクが広がるアイデアがんも

ひとくち洋風がんも

⏱20分 | 164kcal | 冷蔵4日 | 冷凍1か月

●材料（6回分）
- 木綿豆腐……1丁（300g）
- 玉ねぎ……………¼個
- ベーコン……………3枚
- 揚げ油……………適量
- A
  - 卵……………………1個
  - 片栗粉、パセリ（みじん切り）……各大さじ2
  - 粉チーズ……大さじ1
  - 塩……………小さじ½
  - こしょう………少々

●作り方
1. 木綿豆腐はキッチンペーパーに包み、電子レンジ（600W）で2分加熱して水けをきる。
2. 玉ねぎ、ベーコンはみじん切りにする。
3. 1とAをなめらかになるまでしっかり混ぜ（またはフードプロセッサーにかけ）、2を加えてさっくり混ぜる。
4. 160℃の揚げ油に3をスプーンですくって落とし入れ、こんがりと揚げる。

甘辛だれを照りよく焼いて文句なしのおいしさ

豆腐とししとうの照り焼き

⏱15分 | 93kcal | 冷蔵4日 | 冷凍×

●材料（6回分）
- 木綿豆腐……1丁（300g）
- 塩……………………適量
- 小麦粉…………………適量
- ししとう……………6本
- サラダ油………大さじ2
- A
  - しょうゆ、みりん、酒……各大さじ1
  - 七味唐辛子………少々

●作り方
1. 豆腐は厚さを半分に切って、1切れずつキッチンペーパーに包み、電子レンジ（600W）で2分加熱して水けをきる。
2. 豆腐は1枚を6等分に切って、水けをしっかり拭いて塩少々をふり、小麦粉を薄くまぶす。ししとうは包丁で切り込みを入れる。
3. フライパンにサラダ油を熱し、2のししとうを炒めて塩少々をふり、一度取り出す。同じフライパンに豆腐を並べ入れ、こんがりと焼き色がつくまで焼く。
4. 3にAを加え、照りが出るまで炒めたら、ししとうを戻し、さっと炒め合わせ、七味唐辛子をふる。

3 しみじみ副菜　大豆・豆加工品

ジュワッとおいしい高野豆腐をひと味変えて
高野豆腐のコンソメ煮

10分 / 76kcal / 冷蔵4日 / 冷凍1か月

●材料（6回分）
- 高野豆腐 …………… 4枚
- さやいんげん ……… 6本
- 粗びき黒こしょう … 少々
- A
  - コンソメスープの素（固形）……… 1個
  - 水 ……………… 400㎖
  - 塩 ……………… 少々

●作り方
1. 高野豆腐はぬるま湯でもどし、1個を十字に4等分に切る。さやいんげんはすじを取って、長さを半分に切る。
2. 鍋にA、1の高野豆腐を入れ、5分ほど弱火で煮る。さやいんげんを加え、さっと煮て粗びき黒こしょうをふる。

保存の名人アドバイス
そのまま冷凍　高野豆腐が重ならないようにし、ひたひたに漬けた状態で汁ごと冷凍用保存袋に入れ、空気を抜いて冷凍。

軽やかなコクが絶妙の新感覚フレンチトースト
高野豆腐のフレンチトースト

20分 / 140kcal / 冷蔵4日 / 冷凍1か月

●材料（6回分）
- 高野豆腐 …………… 4枚
- スライスチーズ …… 2枚
- ロースハム ………… 2枚
- バター ……………… 大さじ1
- トマトケチャップ … 適量
- A
  - 牛乳 …………… 50㎖
  - 卵 ……………… 1個
  - 塩、こしょう … 各少々

●作り方
1. 高野豆腐はぬるま湯でもどし、水けをしっかり絞り、1枚を縦半分に切る。スライスチーズ、ロースハムはそれぞれ十字に4等分に切る。
2. 1の高野豆腐は横から切り込みを入れ、1のスライスチーズ、ロースハムをはさみ、混ぜ合わせたAに表裏を返しながら、5分ほどひたす。
3. フライパンにバターを熱して2を並べ、ふたをして弱めの中火で3分ほど焼き、裏返してさらに3分ほど焼く。好みでトマトケチャップをかける。

大豆とズッキーニの
トマト煮

しっとりトマト煮は彩り惣菜としても◎

20分 / 144kcal / 冷蔵5日 / 冷凍1か月

●材料（6回分）
- 大豆（水煮）……… 150g
- ズッキーニ………… 1本
- ベーコン…………… 5枚
- にんにく…………… ½片
- オリーブ油……… 大さじ1
- 塩、こしょう…… 各少々

A
- トマト水煮缶…… 1缶
- コンソメスープの素（固形）…… 1個
- トマトケチャップ…… 小さじ1

●作り方

1 ベーコンは1cm幅に、ズッキーニは1cm幅のいちょう切りにする。にんにくはみじん切りにする。

2 フライパンにオリーブ油を熱して1のにんにくを炒め、香りが立ったら1のベーコン、ズッキーニを加え、こんがりと焼き目がつくまで炒める。

3 大豆、Aを加えて10分ほど煮て、塩、こしょうで味を調える。

しょうがじょうゆ豆

しょうがの風味をキリッときかせて

20分 / 75kcal / 冷蔵5日 / 冷凍1か月

●材料（6回分）
- 大豆（水煮）……… 250g
- 水…………………… 400㎖
- 砂糖……………… 大さじ5
- しょうゆ………… 大さじ1½
- しょうが（薄切り）… 3枚

●作り方

鍋に材料をすべて入れて煮立て、弱火で15分ほど煮て、そのまま冷ます。

保存の名人アドバイス

漬け込み冷蔵

漬け汁ごと冷凍用保存袋に入れ、空気を抜いて冷凍。バットなどに入れて冷蔵庫で自然解凍して。

3 しみじみ副菜　大豆・豆加工品

シンプルだけどひょいひょいつまめるおいしさ

ひたし豆

25分 / 140kcal / 冷蔵5日 / 冷凍1か月

●材料（6回分）
青大豆（乾燥）……………200g
A［ だし汁……………400㎖
　　塩、しょうゆ……各小さじ1 ］

●作り方

1 青大豆は洗ってたっぷりの水に浸けて一晩おき、浸けた水も一緒に鍋に入れ、20分ほどゆでる。

2 別の鍋にAを入れ、ひと煮立ちさせて冷ます。

3 ゆで上がった1をザルに上げて水けをきり、熱いうちに2に漬ける。

味ガエ！

● A ➡ **白だし50㎖、水400㎖**
だしの効いた上品な塩味に仕上がる。

デリ風のコロコロあっさりつけ合わせ

ミックスビーンズといんげんのサラダ

10分 / 59kcal / 冷蔵4日 / 冷凍1か月

●材料（6回分）
ミックスビーンズ（水煮）
　　　　　　　　………150g
さやいんげん………10本
A［ 酢、オリーブ油
　　　　　　……各大さじ1
　　塩…………小さじ2/3
　　こしょう………少々 ］

●作り方

1 さやいんげんはすじを取り、塩適量（分量外）をふってラップに包み、電子レンジ（600W）で1～2分加熱する。粗熱がとれたら、1cm長さの斜め切りにする。

2 ボウルにミックスビーンズ、1、Aを入れて混ぜ合わせる。

お弁当便利コラム 4

作りおきデザート

すきまにあったらちょっとうれしい♪ 作りおきが利くデザートレシピです。
少ない食材で短時間でできるので、ぜひ試してみてください。

みかんやももの缶詰でも！

コンデンスミルクでコクアップ！
マンゴーミルク寒天

5分 / 94kcal / 冷蔵3日

●材料（6回分）

- マンゴー缶 …… 1缶
- A
  - 牛乳 …… 300mℓ
  - 水 …… 200mℓ
  - 粉寒天 …… 小さじ1 1/3
- B
  - 砂糖 …… 大さじ3
  - コンデンスミルク …… 大さじ2

●作り方

1. マンゴーは缶汁をきって角切りにし、カップに等分に入れる。牛乳は常温にもどす。
2. 鍋にAを入れて、強火にかけて混ぜながらひと煮立ちさせる。火を弱めてBを加え、砂糖が溶けたら牛乳を加えて混ぜる。
3. 2を1に注ぎ、粗熱がとれたら冷蔵庫で冷やす。

甘さ控えめに仕上げました！
スイートポテト

15分 / 147kcal / 冷蔵3日

●材料（6回分）

- さつまいも … 1本（300g）
- バター …… 30g
- 卵黄 …… 適量
- A
  - 生クリーム（または牛乳）…… 大さじ3
  - 砂糖 …… 大さじ2
  - バニラエッセンス …… 少々

●作り方

1. さつまいもは皮をむいて輪切りにして水にさらし、ラップに包んで電子レンジ（600W）で竹串が通るまで、6分ほど加熱する。
2. 1を熱いうちにつぶし、バターを加えて混ぜ、Aを加えてよく混ぜる。
3. 2をアルミカップに入れて表面に卵黄を塗り、オーブントースターで焼き色がつくまで2〜3分ほど焼く。

ふわっとレモンが香る♪
りんごの甘煮

15分 / 37kcal / 冷蔵4日

● 材料（6回分）
りんご……………1個
砂糖…………大さじ3
レモン汁……小さじ2

● 作り方
1. りんごは皮つきのまましっかり洗い、6等分のくし形切りにして芯を取る。
2. 耐熱容器に1、砂糖、レモン汁を入れてあえ、ふんわりラップをして電子レンジ（600W）で10分加熱する。

電子レンジをフル活用！

はちみつと混ぜるだけ！
オレンジのミントマリネ

3分 / 25kcal / 冷蔵3日

● 材料（6回分）
オレンジ…………2個
ミントの葉………10枚
はちみつ……小さじ1

● 作り方
1. オレンジは皮をむいて一口大に切る。
2. 1をミントの葉とはちみつであえる（ミントの葉は色が変わるのでお弁当には入れなくてもよい）。

ちょっと大人のスパイシーデザート
プルーンの赤ワイン煮

15分 / 89kcal / 冷蔵5日

● 材料（6回分）
プルーン……………18個
赤ワイン……………50㎖
砂糖、水……各大さじ2
シナモンパウダー……少々

● 作り方
耐熱容器にすべての材料を合わせて、電子レンジ（600W）で2分加熱して、そのまま冷ます。

お弁当便利コラム **5**

市販品ストックカタログ

お弁当の彩りに、ボリュームアップに、使える市販品をまとめました。

缶詰

ホールコーン
黄色い色と甘い味がアクセントになる食材。子どもに人気ですが、いろんな食材に合うので、大人のおかずにも使えます。

ホールコーンのおかず
- P91　コーンのお焼き
- P91　コーンとはんぺんのマヨ焼き
- P96　ほうれん草とコーンのコンソメバター炒め

ツナ
うまみたっぷりで使いやすい食材。水煮と油漬けがあります。作りおきには適度な油分があったほうがよいので、油漬けの油をきって使うのがオススメ。

ツナのおかず
- P72　ツナカレー卵焼き
- P105　ゴーヤとツナのオムレツピカタ
- P113　じゃがいもといんげんのツナあえ

大豆の水煮
おかずのボリュームアップにぴったりの食材。ゆでる手間ナシで、そのまま料理に加えられます。味がしみ込みやすく炒め煮や煮物にオススメです。

大豆の水煮のおかず
- P140　大豆とズッキーニのトマト煮
- P140　しょうがじょうゆ豆

乾物

カットわかめ
不足しがちな海藻が手軽にとれる食材。切ってあるので、もどすだけでOK。また、汁けが多い料理には乾燥したまま加えることもできます。

わかめのおかず
- P128　ねぎとわかめのしょうが炒め
- P137　わかめとちくわのごま酢あえ
- P137　わかめともやしの中華炒め

刻み昆布
固い昆布が細く切られた食材。切ってあるので水でもどすだけで使えます。昆布のうまみを生かしたい、煮物や漬物などに加えて使います。

刻み昆布のおかず
- P122　大根の千枚漬け風
- P136　昆布とパプリカのめんつゆ漬け
- P136　昆布とさつまいもの煮物

ひじき
もどすだけで使える、定番の食材。長ひじきと芽ひじきがあり、芽ひじきの方が早くもどせて、味が早くしみるので、忙しいときはおすすめです。

ひじきのおかず
- P76　にんじんとひじきの炒め煮
- P134　ひじきと玉ねぎの甘酢サラダ
- P134　野菜入りひじき煮

4

これひとつでOK！
10分弁当

作りおきおかずが作れなかった日は、朝の10分でできる弁当を。ご飯にのっけるだけ、めん類などの1品弁当が完成します。

ガッツリ！肉弁当

10 minutes bento

お弁当に外せない人気の定番おかず！　ガッツリ肉でご飯がすすむ！

豚こま切れ肉 と キャベツ で

ポークチャップ弁当

豚こまを使ってやわらかジューシー
腹ペコ男子も大満足の味！

10分 / 742kcal

●材料（1回分）
ご飯	160g
豚こま切れ肉	80g
塩、こしょう	各少々
小麦粉	大さじ1
玉ねぎ	½個
エリンギ	小1本
サラダ油	小さじ2
A　トマトケチャップ	大さじ2
ウスターソース	大さじ1
砂糖、しょうゆ	各小さじ2
キャベツ	1枚

●作り方

1　お弁当箱にご飯をつめる。

2　豚こま切れ肉は塩、こしょうをふり、小麦粉をまぶす。玉ねぎは細切り、エリンギは長さを半分に切って薄切りにする。

3　フライパンにサラダ油を熱して2の玉ねぎを炒め、しんなりしたら2の残りを加えて炒め、肉の色が変わったらAを加えて炒める。

4　キャベツをせん切りにして1にのせ、その上に3をのせる。

豚こまは火が通りやすく時短料理向き！

鶏もも肉 と ピーマン で

鶏肉の中華炒め弁当
10分 / 647kcal

こってり濃厚な中華味でご飯をペロリ完食！

●材料（1回分）
- ご飯……………160g
- 鶏もも肉………100g
- 塩、こしょう……各少々
- 片栗粉…………小さじ1
- 玉ねぎ…………¼個
- ピーマン（緑・赤）…各1個
- サラダ油………小さじ2
- A
  - 酒……………大さじ2
  - オイスターソース……大さじ1
  - 砂糖、しょうゆ……各小さじ½

●作り方
1. お弁当箱にご飯をつめる。
2. 鶏もも肉は1.5cm角に切り、塩、こしょうをふり、片栗粉をまぶす。玉ねぎは1cm角に切る。
3. ピーマンは種を取って1cm角に切る。
4. フライパンにサラダ油を熱して2を炒め、肉に焼き色がついたら3を加えて炒め、Aを加えて炒め合わせて1にのせる。

4　10分弁当　ガッツリ！肉弁当

牛薄切り肉 と 焼き豆腐 で

すき焼き風弁当
8分 / 757kcal

牛丼風のお弁当をガツガツ食べればパワー全開！

●材料（1回分）
- ご飯……………160g
- 牛薄切り肉……100g
- 焼き豆腐………80g
- 長ねぎ…………½本
- しらたき………30g
- サラダ油………小さじ2
- 砂糖……………大さじ1
- A しょうゆ、酒……各大さじ1
- 紅しょうが……適量

●作り方
1. お弁当箱にご飯をつめる。
2. 牛薄切り肉は食べやすい大きさに切る。焼き豆腐は1.5cm幅、長ねぎは1cm幅の斜め切り、しらたきはざく切りにする。
3. フライパンにサラダ油を熱して2の牛肉を炒め、色が変わったら砂糖をかけて炒め、残りの2、Aを加えて、2分ほど蒸し煮にする。
4. 1に3をのせ、紅しょうがを添える。

10 minutes bento ヘルシー野菜弁当

毎日のお弁当は栄養バランスも大切！　彩りよく味ももちろん花丸！

レタス と ツナ缶 で

ツナサラダ弁当

フレッシュなサラダを敷きつめた体キレイ弁当！

8分 / 548 kcal

● 材料（1回分）

ご飯	160g
サニーレタス	1枚
パプリカ（赤）	¼個
ツナ缶	1缶
ミックスビーンズ（水煮）	小さじ2
A しょうゆ	小さじ1
塩、こしょう	各少々
マヨネーズ	適量

● 作り方

1. お弁当箱にご飯をつめる。
2. サニーレタスは一口大にちぎり、パプリカは種を取り除いて細切りにする。
3. ツナは缶汁を軽くきってAと混ぜ合わせる。
4. 1に2、3、ミックスビーンズをのせ、マヨネーズをかける。

ツナマヨは調理いらずで洗い物も少ない！

あると便利！　ミックスビーンズ
さっと使えて食物繊維も豊富。料理に入れると彩りがよくなるのもうれしい。

厚揚げ で

肉なしチンジャオ弁当

10分 / 487kcal

うまみだれがからんだ厚揚げが食べごたえ十分！

●材料（1回分）
- ご飯……………160g
- 厚揚げ…………⅓枚
- ピーマン（緑・赤）…各1個
- たけのこ（水煮・細切り）
  ……………………50g
- ごま油…………小さじ2

A
- 酒…………大さじ1
- オイスターソース、しょうゆ
  ……各小さじ1½
- おろししょうが、砂糖
  ……………各少々

●作り方
1. お弁当箱にご飯をつめる。
2. 厚揚げは熱湯をかけて油抜きをし、厚さを半分に切って細切りにする。
3. ピーマンは種を取り除いて細切りにする。
4. フライパンにごま油を熱し、2を入れて全体に焼き色をつけ、3、たけのこを加えて炒め、Aを入れて炒め合わせて、1にのせる。

4 10分弁当

ヘルシー野菜弁当

ひき肉 とキャベツ で

野菜キーマカレー弁当

10分 / 560kcal

トマト味がさわやかなキーマカレーはぱくぱくイケちゃう！

●材料（1回分）
- ご飯……………160g
- 合いびき肉………50g
- キャベツ…………½枚
- 玉ねぎ……………¼個
- にんじん…………20g
- ミニトマト………3個
- サラダ油、カレー粉
  …………各小さじ2

A
- トマトケチャップ、中濃ソース
  ……各大さじ1
- パセリ（みじん切り）適量

●作り方
1. お弁当箱にご飯をつめる。
2. キャベツ、玉ねぎ、にんじんはみじん切りにする。
3. ミニトマトはヘタを取り、半分に切る。
4. フライパンにサラダ油を熱し、合いびき肉を炒め、肉の色が変わったら2を加えて炒める。野菜がしんなりしたら、カレー粉、3を加えてさらに炒め、Aを加えて炒め合わせて1にのせ、パセリを散らす。

本格シーフード弁当

10 minutes bento

うまみたっぷりの魚介を使えば、簡単なのに本格的に！

シーフードミックス としめじ で

シーフードきのこクリーム弁当

やさしいクリームソースがとろ〜り
魚介のうまみでごちそうドリア風

8分 / 644kcal

●材料（1回分）
ご飯	160g
シーフードミックス（冷凍）	60g
玉ねぎ	¼個
しめじ	50g
ブロッコリー	¼株
サラダ油	小さじ2
牛乳	150ml
シチュールウ	20g

●作り方

1. お弁当箱にご飯をつめる。
2. 玉ねぎは薄切りにする。しめじは石づきを切り落とし、小房に分ける。ブロッコリーも小房に分ける。
3. フライパンにサラダ油を熱し、2、凍ったままのシーフードミックスを入れて炒める。
4. 全体に火が通ったら牛乳、シチュールウを加え、とろみがつくまで炒め煮にして、1にのせる。

炒めるだけで豪華メニューに

あると便利！ シーフードミックス
えび、いか、あさりなどが入って豪華！炒め物、パスタなどに大活躍です。

むきえび とアスパラ で

えび玉塩あんかけ弁当

10分 / 683kcal

プリプリえびのうまみをふんわり卵でつつむ!

●材料（1回分）
- ご飯 …………… 160g
- むきえび ………… 50g
- 片栗粉 ………… 小さじ1
- グリーンアスパラガス ………… 2本
- サラダ油 ……… 小さじ2
- A［溶き卵 ………… 2個分
   マヨネーズ …… 大さじ1］
- B［水 …………… 100ml
   鶏がらスープの素（顆粒）、酒 ……… 各小さじ1］
- 水溶き片栗粉 ……… 適量

●作り方
1. お弁当箱にご飯をつめる。
2. むきえびは背わたを取り除き、片栗粉をまぶす。
3. グリーンアスパラガスは固い根元の皮をピーラーでむき、2〜3cm長さの斜め切りにする。
4. フライパンにサラダ油を熱して**2**を炒め、**3**を加えて炒め、混ぜ合わせた**A**を加えて大きく混ぜ、卵を半熟状にして**1**にのせる。
5. フライパンに**B**を入れてひと煮立ちさせ、水溶き片栗粉でとろみをつけ、**4**にかける。

4　10分弁当　本格シーフード弁当

めかじき で

かじきのみそ焼き弁当

10分 / 689kcal

調理しやすいかじきはお弁当おかずの強い味方

●材料（1回分）
- ご飯 …………… 160g
- めかじき ………… 1切れ
- エリンギ ………… 1本
- ししとう ………… 2本
- サラダ油 ……… 小さじ2
- 塩、こしょう …… 各少々
- A［みそ、みりん ……… 各大さじ1
   サラダ油 …… 大さじ1］

●作り方
1. お弁当箱にご飯をつめる。
2. めかじきは6等分に切る。
3. エリンギは長さを半分に切って4等分に切る。
4. フライパンにサラダ油を熱し、**2**を入れて両面焼き色をつけ、**3**、ししとうを加えて炒めて塩、こしょうをふり、エリンギ、ししとうを取り出して、フライパンに**A**を加えて煮からめ、**1**にのせる。

10 minutes bento おこさまメニュー弁当

子どもの大好物は大人だっておいしい！　パクパク食べれば元気百倍！

ミートソース　で

タコライス弁当

5分でできる優秀デリ風弁当！

5分 / 489kcal

●材料（1回分）
- ご飯 ………………………… 160g
- レタス ………………………… 1枚
- ミートソース（市販）
  ………………………… ½パック（70g）
- ミニトマト ………………………… 2個
- ピザ用チーズ ………………………… 40g

●作り方

1 お弁当箱にご飯をつめる。

2 レタスは1cm幅の細切りにする。ミニトマトはヘタを取り、4等分に切る。

3 ミートソースは耐熱容器に入れ、電子レンジ（600W）で1分加熱する。

4 1に2のレタスを敷き、3をのせ、ピザ用チーズ、2のプチトマトをのせる。

優秀レトルトで火を使わず素早く完成！

あると便利！　市販のミートソース
みんな大好きな味。ボリュームもあり、パスタだけでなく、ご飯にも合う。

鶏ひき肉と卵で

2色そぼろ弁当

⏱8分 / 600kcal

おなじみの甘辛そぼろはご飯がモリモリすすむ！

●材料（1回分）

ご飯	160g
鶏ひき肉	80g
A　しょうゆ	大さじ1
酒、みりん	小さじ2
砂糖	小さじ1
卵	1個
B　みりん、酒	各小さじ2
塩	少々
さやえんどう	2枚

●作り方

1. お弁当箱にご飯をつめる。
2. 耐熱容器に鶏ひき肉、Aを入れて混ぜ、ラップをせずに電子レンジ（600W）で1分30秒ほど加熱し、取り出して混ぜ、さらに1分ほど加熱して混ぜる。
3. 別の耐熱容器に卵、Bを入れてよく混ぜ、ふんわりとラップをして電子レンジ（600W）で1分ほど加熱し、さらによくかき混ぜる。
4. 1に2、3、さっとゆでたさやえんどうをのせる。

卵で

オムライス弁当

⏱10分 / 777kcal

ピクニック弁当風につめておいしく楽しく

●材料（1回分）

ご飯	160g
卵	2個
玉ねぎ	⅛個
ウインナーソーセージ	1本
グリーンピース（水煮）	大さじ1
サラダ油	適量
A　トマトケチャップ	大さじ2
バター	10g
塩、こしょう	各少々
B　水溶き片栗粉	小さじ1
塩、こしょう	各少々
スライスチーズ	1枚

●作り方

1. 玉ねぎはみじん切り、ウインナーソーセージは薄切りにする。
2. 耐熱容器に1、Aを入れて混ぜ、ふんわりとラップをして電子レンジ（600W）で1分30秒ほど加熱し、ご飯、グリーンピースを入れて混ぜる。
3. 卵を溶いてBを加えて混ぜ、フライパンにサラダ油を熱して薄焼き卵を作る。
4. ラップを敷いて3、半分に切ったスライスチーズ、2をのせ、のり巻きのように巻き、食べやすく切ってお弁当箱につめる。

4　10分弁当

おこさまメニュー弁当

お弁当便利コラム ⑥

ご飯のアレンジカタログ

主食のマンネリ打破に活用したい、おにぎり＆混ぜご飯のレシピです。
特におにぎりは、形やのりの巻き方でいろいろな組み合わせをたのしめます♪

主食を替えてイメチェン！

基本は白ご飯 → 混ぜご飯に → おにぎりに

お弁当の半分を占めている主食を替えれば、お弁当の印象がガラッと変わります。おにぎりはのりの巻き方もいろいろあるので、好みの組み合わせを探してみるのもたのしいですよ。

おにぎりの形バリエ

三角形
王道の三角形は、もっとも握りやすい形。具の入れ方は、ご飯の中に入れたり、具が見えるように真ん中や三角の上にのせたりいろいろ。

丸形
3cmほどの厚さの丸形に握ります。大きい球形は食べにくいので、平べったい丸形がいいでしょう。一口サイズなら、球形もOKです。

俵形
上になる手でご飯をくるくる回しながら握ると俵形に。四角いお弁当箱に入れるときにつめやすい。細長くて食べやすい。

のりの巻き方

◀定番の巻き方。のりの長さは先に切らずに、半分貼ってみてちょうどいい長さのところを切ります。

➡定番の巻き方と同じ幅ののりを、後ろから抱き合わせるように巻きます。

↑真ん中に帯のように巻きます。俵形にオススメ。

➡おにぎり全体をのりで覆います。真ん中に十字の切り目を入れて、中を見せるとおいしそう。

◀おにぎりの厚みに合わせて切ったのりを側面に貼り付けます。

具入りおにぎり

明太しそマヨ
3分 / 302kcal

●材料（1回分）
- ご飯……………………茶碗1杯分
- 辛子明太子………………………5g
- マヨネーズ……………………小さじ1
- 青じそ……………………………1枚

●作り方
1. 明太子はほぐし、青じそは小さめにちぎる。
2. 1とマヨネーズをよく混ぜる。
3. ご飯に2をのせ、三角に握る。

野沢菜ベーコン
3分 / 290kcal

●材料（1回分）
- ご飯……………………茶碗1杯分
- ベーコン…………………………¼枚
- 野沢菜漬け………………………5g

●作り方
1. ベーコンは1cm角、野沢菜は1cm幅に切る。
2. フライパンに1のベーコンを入れてカリカリになるまで炒め、野沢菜を加えてさっと炒める。
3. ご飯に2をのせ、三角に握る。

ツナそぼろ
5分 / 303kcal

●材料（1回分）
- ご飯……………………茶碗1杯分
- ツナそぼろ………………………適量

※ツナそぼろ（4回分）
- ツナ缶………………………1缶（70g）
- A［しょうゆ…………………大さじ1
- 　　みりん、砂糖…各小さじ1］

●作り方
1. ツナは缶汁を軽くきる。
2. 小鍋に1、Aを入れて汁けがなくなるまで炒め煮にする。
3. ご飯に2の¼量をのせ、三角に握る。

梅チーズ
3分 / 295kcal

●材料（1回分）
- ご飯……………………茶碗1杯分
- 梅干し……………………………½個
- クリームチーズ……………………5g
- 白すりごま…………………小さじ¼

●作り方
1. 梅干しは種を取り除き、包丁でたたく。
2. ボウルにクリームチーズを入れて練り、1、白すりごまを入れてよく混ぜる。
3. ご飯に2をのせ、三角に握る。

おにぎらずを作ってみよう！

スパムとチーズのおにぎらず
5分 / 498kcal

1. ラップを敷き、焼きのり、ご飯茶碗½杯分をのせ、カリッと焼いたスパム1枚、マヨネーズ適量、スライスチーズ1枚、グリーンリーフ1枚をのせる。
2. 具の上にご飯茶碗½杯分をのせ、四隅からラップごと持ち上げるようにして包む。
3. 焼きのりがしっとりとしてなじんだら、濡らした包丁でラップごと切る。縦半分か、斜め半分にする。

おすすめの具材
- 鶏ハム
- えびフライ
- 卵焼き
- きんぴらごぼう

変わりおにぎり

揚げ玉ねぎ
3分 / 297 kcal

●材料（1回分）
ご飯……………………茶碗1杯分
万能ねぎ………………………1本
天かす………………………大さじ1
めんつゆ（3倍濃縮）……小さじ2
焼きのり（8cm×3cm）……1枚

●作り方
1 万能ねぎは小口切りにする。
2 1、天かす、めんつゆをよく混ぜ、ご飯を加えて混ぜ合わせる。
3 2を三角に握り、のりを巻く。

ピリ辛サラダ
3分 / 306 kcal

●材料（1回分）
ご飯……………………茶碗1杯分
かに風味かまぼこ……………1本
マヨネーズ……………………小さじ1
豆板醤………………………小さじ½
青じそ…………………………1枚

●作り方
1 かに風味かまぼこは1cm長さに切ってさく。
2 1、マヨネーズ、豆板醤をよく混ぜ、ご飯を加えてよく混ぜ合わせる。
3 2を三角に握り、青じそを巻く。

焼きチーズ
5分 / 298 kcal

●材料（1回分）
雑穀ご飯………………茶碗1杯分
粉チーズ……………………大さじ1

●作り方
1 雑穀ご飯を四角に握る。
2 フライパンに粉チーズの半量を薄く広げる。火にかけてチーズが溶けたら1をのせ、こんがりと焼く。
3 残りの粉チーズをあいているところに広げ、2を裏返してのせ、こんがりと焼く。

ゆかりマヨ
3分 / 288 kcal

●材料（1回分）
ご飯……………………茶碗1杯分
A ┌ ゆかり、マヨネーズ
　│　　　　　　……各小さじ½
　└ 焼きのり（全形）…………1枚

●作り方
1 ご飯にAを混ぜる。
2 1を球形に握り、焼きのりで覆い、真ん中に十字に切り目を入れる。

青のりバターコーン
3分 / 312 kcal

●材料（1回分）
ご飯……………………茶碗1杯分
A ┌ バター……………………5g
　│ 青のり………………小さじ½
　└ ホールコーン………小さじ2

●作り方
1 ご飯にAを混ぜる。
2 1を俵形に握る。

おかかチーズ
3分 / 354 kcal

●材料（1回分）
ご飯……………………茶碗1杯分
プロセスチーズ………………15g
A ┌ かつお節……………………2g
　│ しょうゆ……………小さじ2
　└ 白いりごま…………小さじ1

●作り方
1 プロセスチーズは5mm角に切る。
2 ご飯に、1、Aを混ぜる。
3 2を円形に握る。

混ぜご飯

枝豆と桜えび
3分 / 307 kcal

●材料（1回分）
ご飯……………………… 160g
桜えび…………………… 大さじ1
ゆで枝豆（さやから出す）…… 20g
塩………………………… 少々

●作り方
ご飯に桜えび、枝豆、塩を混ぜる。

たくあんとじゃこ
3分 / 308 kcal

●材料（1回分）
ご飯……………………… 160g
たくあん………………… 20g
ちりめんじゃこ………… 8g
黒いりごま……………… 小さじ1

●作り方
1 たくあんは5mm角に切る。
2 ご飯に1、ちりめんじゃこ、黒いりごまを混ぜる。

ナッツと塩昆布
5分 / 367 kcal

●材料（1回分）
ご飯……………………… 160g
ミックスナッツ………… 15g
塩昆布…………………… 小さじ1

●作り方
1 ミックスナッツ、塩昆布は粗みじん切りにする。
2 ご飯に1を混ぜる。

鮭とわかめ
3分 / 287 kcal

●材料（1回分）
ご飯……………………… 160g
カットわかめ（乾燥）…… 2つまみ
鮭フレーク（市販）……… 10g

●作り方
1 わかめは手で細かく砕く。
2 ご飯に1、鮭フレークを混ぜる。

チーズオイル
3分 / 339 kcal

●材料（1回分）
ご飯……………………… 160g
A［
 オリーブオイル……… 小さじ1
 粉チーズ……………… 大さじ1
 パセリ（みじん切り）… 小さじ½
 粗びき黒こしょう…… 少々
］

●作り方
ご飯にAを混ぜる。

チャーハン風
5分 / 438 kcal

●材料（1回分）
ご飯……………………… 160g
ベーコン………………… 1枚
グリーンピース………… 大さじ1
卵………………………… 1個
鶏がらスープの素（顆粒）… 小さじ½

●作り方
1 ベーコンは1cm角に切り、フライパンに入れて炒め、グリーンピース、溶き卵を入れて火を通す。
2 ご飯に1、鶏がらスープの素を混ぜる。

10 minutes bento フライパンパスタ弁当

フライパンひとつで本格パスタがパパッと完成！

小松菜 と牛乳 で

小松菜のクリームパスタ弁当

隠し味のマヨ効果で
冷めてもしっとりクリーミー！

8分 527kcal

●材料（1回分）
スパゲッティ	80g
小松菜	1株
しめじ	50g
ベーコン	1枚
A 水	300mℓ
牛乳	100mℓ
コンソメスープの素（顆粒）	小さじ½
塩、粗びき黒こしょう	各少々
マヨネーズ	小さじ2

●作り方

1 小松菜は4cm長さに切る。しめじは根元を切って小房に分ける。ベーコンは1.5cm幅に切る。

2 フライパンにAを入れてひと煮立ちさせ、半分に折ったスパゲッティを入れ、ふきこぼれないように軽くふたをして、表示時間より2分ほど短めにゆでる。

3 ゆで上がったらふたを取り、1、マヨネーズを加え、汁けが少なくなるまで2分ほど炒め合わせる。

フライパンひとつで完成する蒸し煮ワザ！

4 10分弁当

フライパンパスタ弁当

ブロッコリーとちりめんじゃこで

ブロッコリーとじゃこの和風パスタ弁当

10分 / 465kcal

じゃこの風味たっぷりめんつゆパスタ

●材料（1回分）
- スパゲッティ …… 80g
- ブロッコリー …… ¼株
- ちりめんじゃこ …… 10g
- しょうが …… ½片
- ごま油 …… 大さじ1
- 水 …… 300㎖
- めんつゆ（3倍濃縮） …… 小さじ2

●作り方

1 ブロッコリーは小さめの小房に分け、しょうがはみじん切りにする。

2 フライパンにごま油小さじ2を熱し、ちりめんじゃこ、1のしょうがを入れて炒め、香りが立ったら分量の水を加えてひと煮立ちさせ、半分に折ったスパゲッティ、1のブロッコリーを入れてふたをし、表示時間より2分ほど短めにゆでる。

3 ゆで上がったらふたを取り、汁けが少なくなるまで2分ほど加熱し、めんつゆを加えて炒め合わせ、残りのごま油を回しかける。

トマトジュースで

トマトとズッキーニのパスタ弁当

8分 / 426kcal

トマトジュースでコクうまに！

●材料（1回分）
- スパゲッテイ …… 80g
- ズッキーニ …… ⅓本
- エリンギ …… 小1本
- おろしにんにく …… 小さじ¼
- オリーブ油 …… 小さじ2
- A
  - トマトジュース …… 150㎖
  - 水 …… 100㎖
  - コンソメスープの素（顆粒）…… 小さじ½
  - 塩、砂糖 …… 各少々

●作り方

1 ズッキーニ、エリンギは長さを半分に切り、8等分のくし形切りにする。

2 フライパンにオリーブ油、にんにく、1を入れて炒め、Aを加えてひと煮立ちさせ、半分に折ったスパゲッテイを入れてふたをし、表示時間より2分ほど短めにゆでる。

3 ゆで上がったらふたを取り、汁けが少なくなるまで2分ほど炒め合わせる。

あると便利！ トマトジュース
トマトのうまみが凝縮されているので、煮込むだけでトマトソースに！

10 minutes bento アレンジ焼きそば弁当

冷めてもおいしいアレンジで、香ばしい焼きそばをお弁当向けに！

にら と桜えび で

エスニック焼きそば弁当

香ばしいナンプラーと桜えびで本格アジア料理風に！

8分 / 595 kcal

●材料（1回分）

中華蒸し麺……………………1玉
鶏ひき肉………………………60g
にら……………………4本（30g）
もやし…………………………50g
桜えび………………大さじ2（3g）
ごま油………………………大さじ1
A ┃ 酒、みりん……………各大さじ1
  ┃ ナンプラー……………小さじ2

●作り方

1 にらは4cm長さに切る。

2 フライパンにごま油を熱して桜えびを炒め、香りが立ったら、鶏ひき肉を加えて炒める。

3 肉の色が変わってポロポロになったら、中華蒸し麺、もやし、1を加えて炒め、Aを加えて炒め合わせる。

いろいろな具材に合う焼きそばは優秀！

あると便利！ 桜えび
さっと加えるだけで香ばしい風味と濃いだしがプラスされ、味が手早くキマる。

じゃがいも と キャベツ で

じゃがいも焼きそば弁当

ほっくりじゃがいもでおいしさUP！

10分 / 570kcal

●材料（1回分）
- 中華蒸し麺……………1玉
- じゃがいも……………½個
- キャベツ………………½枚
- ベーコン………………1枚
- サラダ油………………大さじ1
- 酒、オイスターソース……各大さじ1

●作り方

1. じゃがいもは皮をむいて1cm角に切り、耐熱容器に入れてラップをし、電子レンジ（600W）で2分ほど加熱する。ベーコンは1cm幅に切る。
2. キャベツは1cm角に切る。
3. フライパンにサラダ油を熱し、1を入れて軽く焼き色がついたら2を加え、炒め合わせる。
4. 中華蒸し麺を加えて炒め、酒、オイスターソースを加えて炒め合わせる。

4 10分弁当

アレンジ焼きそば弁当

ツナ と レモン で

ツナのレモン焼きそば弁当

8分 / 650kcal

レモンペッパー味がキリッとさわやか

●材料（1回分）
- 中華蒸し麺……………………1玉
- 玉ねぎ…………………………½個
- ピーマン………………………1個
- ツナ缶…………………………1缶
- サラダ油………………………大さじ1
- A [レモン汁……………………大さじ1
-    鶏がらスープの素（顆粒）……小さじ1
-    塩、粗びき黒こしょう………各少々]

●作り方

1. 玉ねぎは5mm幅に切り、ピーマンは種を取り除いて5mm幅に切る。
2. フライパンにサラダ油を熱し、1の玉ねぎを炒め、しんなりしたら1のピーマン、軽く缶汁をきったツナを加えて炒める。
3. 中華蒸し麺を加えて炒め、Aを加えて炒め合わせる。

10 minutes bento アレンジ焼きうどん弁当

変わりダネアレンジがうれしい！ 忙しい朝でも手軽に作れて、満足感◎

ウインナー  と ケチャップ  で

ナポリタン弁当

甘ずっぱいケチャップ味のうどんも美味！

8分 / 517kcal

●材料（1回分）

ゆでうどん	1玉
ウインナーソーセージ	2本
玉ねぎ	½個
グリーンアスパラガス	2本
エリンギ	1本
サラダ油	大さじ½
A トマトケチャップ	大さじ2
中濃ソース	大さじ½
塩、こしょう	各少々

●作り方

1 ウインナーソーセージは1cm幅の斜め切り、玉ねぎはくし形切りにする。

2 グリーンアスパラガスは根元の固い部分をピーラーでむき、6等分の斜め切りにする。エリンギは長さを半分に切って薄切りにする。

3 フライパンにサラダ油を熱し、1を炒め、玉ねぎがしんなりしたら2を加えて炒め合わせる。

4 3にゆでうどんを加えて炒め合わせ、Aを加えて炒め合わせる。

しょうゆ味だけじゃない！アレンジ次第で多彩に楽しめる♪

豚ロース薄切り肉 で

サラダうどん弁当

10分 / 543kcal

あっさりツルツルうどんをお肉でボリュームUP！

●材料（1回分）
- ゆでうどん……………1玉
- 豚ロース薄切り肉（しゃぶしゃぶ用）…80g
- レタス………………2枚
- きゅうり……………¼本
- にんじん……………⅛本
- ホールコーン缶…大さじ1
- めんつゆ（小分けパック）……………1個

●作り方

1. レタスは1cm幅に切り、きゅうり、にんじんはせん切りにする。
2. ゆでうどんは熱湯で表示通りにゆで、鍋にゆで汁を残して水に取り、しっかり水けをきってお弁当箱に入れる。
3. 2のゆで汁に、豚肉を1枚ずつ広げてゆで、ペーパータオルを敷いたバットにのせて冷ます。
4. 2に、1、3、ホールコーンをのせ、食べる直前にめんつゆをかける。

あると便利！ めんつゆ（小分けパック）
凍らせていっしょに持っていくと、保冷剤代わりになり、熱い夏場は大助かり！

4 10分弁当

アレンジ焼きうどん弁当

ちくわ とカレー粉 で

カレー焼きうどん弁当

8分 / 460kcal

みんな大好きカレー味は文句なしのおいしさ！

●材料（1回分）
- ゆでうどん……………1玉
- ちくわ………………1本
- キャベツ……………½枚
- にんじん……………10g
- サラダ油……………大さじ1
- A
  - 水………………大さじ2
  - みりん、しょうゆ……各大さじ½
  - カレー粉……小さじ⅔

●作り方

1. ちくわは1cm幅の斜め切りにする。キャベツは1cm角に切り、にんじんは短冊切りにする。
2. フライパンにサラダ油を熱し、1のちくわ、にんじんを入れて炒め、にんじんがしんなりしたら、1のキャベツを入れて炒め合わせる。
3. 2にゆでうどんを加えて炒め合わせ、Aを加えて炒め合わせる。

スープジャー弁当

10 minutes bento

具材＆熱湯を入れるだけでお昼には完成する、あったか幸せメニュー

ポトフ風スープ

⏱5分 168kcal

やわらか野菜にソーセージのコクがじんわり

●材料（0.38ℓのスープジャー1回分）

ウインナーソーセージ	2本
玉ねぎ	¼個
ミニトマト	2個
ブロッコリー	3房
ミックスビーンズ（水煮）	10g
熱湯	適量
A ［ コンソメスープの素（顆粒）	小さじ1
粗びき黒こしょう	少々

●作り方

1. ウインナーソーセージは斜め半分に切る。玉ねぎは1cm幅のくし形切りに、ミニトマトはヘタを取る。
2. スープジャーに1、ブロッコリー、ミックスビーンズを入れ、熱湯を注ぎ、ふたを閉めて2分ほどおく。
3. 2の湯をきってAを加え、再び熱湯を水位線の1cm下まで注ぎ、ふたを閉めて少しふり、3時間ほどおく。

春雨キムチスープ

⏱8分 98kcal

ご飯のお供にウマ辛キムチスープがあると感激モノ！

●材料（0.38ℓのスープジャー1回分）

緑豆春雨	15g
えのきだけ	30g
豆苗	20g
熱湯	適量
A ［ 白菜キムチ	60g
鶏がらスープの素（顆粒）	小さじ1

●作り方

1. 緑豆春雨はキッチンばさみで、ジャーに入る長さに切る。えのきだけは根元を切り落とし、3等分に切る。豆苗は根元を切り落とし、4cm長さに切る。
2. スープジャーに1を入れ、熱湯を注ぎ、ふたを閉めて2分ほどおく。
3. 2の湯をきり、Aを加え、再び熱湯を水位線の1cm下まで注ぎ、ふたを閉めて少しふり、3時間ほどおく。

野菜のトマトスープパスタ

⏱ 8分　228 kcal

ミネストローネのスープパスタ

●材料（0.38ℓのスープジャー1回分）

セロリ	20g
パプリカ（黄）	20g
ベーコン	1枚
熱湯	適量

A
- トマトケチャップ … 大さじ1
- コンソメスープの素（顆粒） … 小さじ1
- 塩、こしょう … 各少々

マカロニ（早ゆでタイプ）… 30g

●作り方

1. セロリ、パプリカ、ベーコンは1cm角に切る。
2. スープジャーに1を入れ、熱湯を注ぎ、ふたを閉めて2分ほどおく。
3. 2の湯をきり、Aを加え、再び熱湯を水位線の1cm下まで注ぎ、ふたを閉めて少しふり、3時間ほどおく。
4. 食べる10分ほど前にマカロニを入れる。

> マカロニはラップに包んで持って行って！

ツナとキャベツのコーンスープパスタ

⏱ 5分　240 kcal

ほんのり甘いクリームコーンの風味がうれしい！

●材料（0.38ℓのスープジャー1回分）

キャベツ	½枚
熱湯	適量

A
- ツナ缶 … 20g
- クリームコーン缶 … 70g
- コンソメスープの素（顆粒）… 小さじ½

マカロニ（早ゆでタイプ）… 30g

●作り方

1. キャベツは2cm角に切る。
2. スープジャーに1を入れ、熱湯を注ぎ、ふたを閉めて2分ほどおく。
3. 2の湯をきり、Aを加え、再び熱湯を水位線の1cm下まで注ぎ、ふたを閉めて少しふり、3時間ほどおく。
4. 食べる10分ほど前にマカロニを入れる。

4　10分弁当　スープジャー弁当

材料の切り方、大きさがポイント！

野菜のカレーリゾット

10分 / 299kcal

ふわっとただようカレーの香りがたまらない

●材料（0.38ℓのスープジャー1回分）
- 米（無洗米） 大さじ2½
- じゃがいも 50g
- にんじん 20g
- 玉ねぎ ⅛個
- ブロッコリー 2房
- ウインナーソーセージ 1本
- 熱湯 適量
- カレールウ 15g

●作り方

1. じゃがいも、にんじんは皮をむき、2cm角に切る。玉ねぎは1cm幅のくし形切りにする。ウインナーソーセージは斜め4等分に切る。
2. カレールウは刻む。
3. スープジャーに米、1、ブロッコリーを入れ、熱湯を注いでかき混ぜ、ふたを閉めて2分ほどおく。
4. 3の湯をきり、2を加え、再び熱湯を水位線の1cm下まで注ぎ、ふたを閉めて少しふり、3時間ほどおく。

サムゲタン風おかゆ

8分 / 173kcal

鶏ささみのうまみがしっとり広がるなめらかおかゆ

●材料（0.38ℓのスープジャー1回分）
- 米（無洗米） 大さじ1
- もち米 大さじ1½
- 鶏ささみ 1本
- しょうが ½片
- 熱湯 適量
- A
  - ごま油、鶏がらスープの素（顆粒） 各小さじ½
  - 万能ねぎ（小口切り） 少々
  - 塩、こしょう 各少々

●作り方

1. 鶏ささみはすじを取り除き、そぎ切りにする。しょうがはせん切りにする。
2. スープジャーに米、もち米、1の鶏ささみを入れ、熱湯を注いでかき混ぜ、ふたを閉めて2分ほどおく。
3. 2の湯をきり、A、1のしょうがを加え、再び熱湯を水位線の1cm下まで注ぎ、ふたを閉めて少しふり、3時間ほどおく。

きのこのチーズリゾット 8分 153kcal

やさしいコクがしみたリゾットでホカホカ

●材料（0.38ℓのスープジャー1回分）

米（無洗米）	大さじ2½		粉チーズ	大さじ1
しめじ	20g	A	コンソメスープの素（顆粒）	小さじ1
しいたけ	1個		粗びき黒こしょう	少々
熱湯	適量			

●作り方

1. しめじは根元を切り落とし、小房に分ける。しいたけは石づきを切り落とし、薄切りにする。
2. スープジャーに米、1を入れ、熱湯を注いでかき混ぜ、ふたを閉めて2分ほどおく。
3. 2の湯をきり、Aを入れ、再び熱湯を水位線の1cm下まで注ぎ、ふたを閉めて少しふり、3時間ほどおく。

卵とわかめのおかゆ 4分 136kcal

食欲がない日でもこれならイケちゃう！

●材料（0.38ℓのスープジャー1回分）

米（無洗米）	大さじ2½
卵とわかめのスープの素（市販）	1袋
熱湯	適量

●作り方

1. スープジャーに米を入れ、熱湯を注いでかき混ぜ、ふたを閉めて2分ほどおく。
2. 2の湯をきり、卵とわかめのスープの素を加え、再び熱湯を水位線の1cm下まで注ぎ、ふたを閉めて少しふり、3時間ほどおく。

市販のスープで味つけいらず！

4 10分弁当 スープジャー弁当

お弁当便利コラム 7

パンのアレンジカタログ

パン食のマンネリ打破に活用したい、サンドイッチのレシピです。
デザートになりそうな軽いものから、食べごたえがあるものまで、18品紹介します。

パンバリエ

サンドイッチ用食パン

10枚切りの耳なし食パン。耳をキレイに切るのは難しいので、サンドイッチ用を使うとラクチン。食べごたえがほしい人は、8枚切りや6枚切りの食パンを使ってもいいでしょう。

三角
斜めに切る。一口大にしたいときはさらに半分に切る。

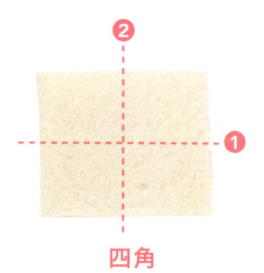

四角
❶で切ると長方形に、❷も切ると四角形に。お弁当箱のサイズに合わせて。

ロールパン＆イングリッシュマフィン

小ぶりのサイズのパン。1人2個は食べられるので、違う具をはさんで持っていくとたのしいです。ロールパンの切り目は横か上から入れても。

ドッグパン＆バゲット＆ベーグル

1個でもしっかり食べごたえがあるパン。甘いドッグパンにはしょっぱい具、バゲットにはしっかり味の具、ベーグルにはまろやかな味の具がぴったり。

パンの持ち歩き方

サンドイッチの場合
お弁当箱は高さが足りないので、専用のサンドイッチケースにつめて。縦に立ててきっちりつめます。横に重ねるとつぶれることがあるので注意。

ロールパンなどの場合
ロールパンなどのやわらかいパンは、1個ずつラップをしてぴったり収まるケースに入れて。ベーグルなどの固いパンは、ラップで包めばOK。

食パンサンド

鮭&コンビーフ
5分 / 223kcal

●材料（1回分）
食パン（サンドイッチ用）2枚、A［クリームチーズ、鮭フレーク（市販）各10g、パセリ（みじん切り）小さじ½］、B［コンビーフ20g、クリームチーズ10g］

●作り方
1 食パンは半分に切る。
2 A、Bはそれぞれよく混ぜて1にはさむ。

生ハム&レタス
5分 / 242kcal

●材料（1回分）
食パン（サンドイッチ用）2枚、レタス4枚、生ハム2枚、A［バター10g、粒マスタード小さじ2］

●作り方
1 食パンにAを塗る。
2 ラップに1を1枚のせ、生ハム、レタスをのせてはさんでラップで包み、食べやすく切る。

さつまいもあんバター
5分 / 319kcal

●材料（1回分）
食パン（サンドイッチ用）2枚、バター10g、ゆであずき20g、さつまいも4cm

●作り方
1 さつまいもは1cm厚さに切り、耐熱容器に並べてラップをして電子レンジ（600W）で3分加熱する。
2 食パンにやわらかくしたバターを塗る。1枚にゆであずきを広げ、1をのせて、もう1枚ではさむ。軽く押さえて食べやすく切る。

卵&きゅうり
5分 / 347kcal

●材料（1回分）
食パン（サンドイッチ用）2枚、きゅうり1本、塩少々、マヨネーズ大さじ1、ゆで卵1個、バター10g

●作り方
1 きゅうりは半月切りにし、塩でもんで水けを絞り、マヨネーズであえる。
2 ゆで卵は輪切りにする。
3 食パンにバターを塗り、1を広げ、2をのせてはさみ、食べやすく切る。

コールスロー
5分 / 452kcal

●材料（1回分）
食パン（サンドイッチ用）2枚、キャベツ2枚、A［マヨネーズ大さじ1、粒マスタード小さじ1］、ベーコン1枚、スライスチーズ1枚、B［バター10g、粒マスタード小さじ2］

●作り方
1 キャベツはせん切りにし、Aと混ぜる。
2 食パン1枚にベーコンを半分に切ってのせ、スライスチーズをのせる。もう1枚の食パンと一緒に軽く焼き、具なしのほうにBを塗る。
3 ラップに2を1枚をのせ、1をのせてもう1枚の2ではさんでラップで包み、食べやすく切る。

ふわふわオムレツ
5分 / 444kcal

●材料（1回分）
食パン（サンドイッチ用）2枚、A［バター10g、粒マスタード小さじ2］、B［卵2個、牛乳小さじ2、塩・こしょう各少々］、バター10g、トマトケチャップ適量

●作り方
1 食パンは軽く焼き、1枚にAを塗り、もう1枚にトマトケチャップを塗る。
2 フライパンにバターを溶かし、Bを流し入れて小さめのオムレツを作る。
3 1に2をのせてはさみ、軽く押さえて食べやすく切る。

ロールパン＆マフィンサンド

チキン南蛮
5分 / 501 kcal

●材料（1回分）
ロールパン2個、鶏肉のから揚げ（市販）4個、A[すし酢大さじ1、しょうゆ小さじ¼]、サニーレタス1枚、タルタルソース（市販）適量

●作り方
1. ロールパンに切り込みを入れる。
2. 鶏肉のから揚げを電子レンジで温め、Aをかける。
3. ちぎったサニーレタス、2を1にはさみ、タルタルソースをかける。

ポテサラ＆ハム
5分 / 515 kcal

●材料（1回分）
ロールパン2個、バター10g、きゅうり⅛本、塩少々、ポテトサラダ（市販）100g、ホールコーン大さじ1、ロースハム4枚

●作り方
1. ロールパンに切り込みを入れ、バターを塗る。
2. きゅうりは半月切りにし、塩でもんで水けを絞る。ポテトサラダ、ホールコーンと混ぜる。
3. ロースハムは半分に切って2を巻き、1に2個ずつはさむ。

フルーツチーズ
5分 / 443 kcal

●材料（1回分）
ロールパン2個、クリームチーズ60g、ドライフルーツミックス15g

●作り方
1. ロールパンに切り込みを入れる。
2. クリームチーズをやわらかく練り、ドライフルーツミックスを加えてよく混ぜ、1にはさむ。

きんぴら＆のり
5分 / 215 kcal

●材料（1回分）
イングリッシュマフィン1個、焼きのり（4等分）1枚、きんぴらごぼう（市販）25g、マヨネーズ適量、七味唐辛子少々

●作り方
1. イングリッシュマフィンは半分に切って軽く焼く。
2. 1に焼きのり、きんぴらごぼうをのせてマヨネーズを絞り、七味唐辛子をふってはさむ。

ハニーかぼちゃ
5分 / 392 kcal

●材料（1回分）
イングリッシュマフィン1個、かぼちゃ80g、A[はちみつ・マヨネーズ各大さじ1、バター5g]、グリーンリーフ適量

●作り方
1. イングリッシュマフィンは半分に切って軽く焼く。
2. かぼちゃは一口大に切り、ラップに包んで電子レンジ（600W）で2分加熱し、粗めにつぶしてAと混ぜる。
3. 1にグリーンリーフ、2をはさむ。

チキン＆野菜ソテー
10分 / 375 kcal

●材料（1回分）
イングリッシュマフィン1個、鶏もも肉50g、パプリカ（赤、黄）各⅛個、ズッキーニ3cm、オリーブ油大さじ1、塩・粗びき黒こしょう各少々、レタス・マヨネーズ・粉チーズ各適量

●作り方
1. イングリッシュマフィンは半分に切って軽く焼く。
2. 鶏もも肉はそぎ切りにする。パプリカはくし形切り、ズッキーニは輪切りにする。
3. フライパンにオリーブ油を中火で熱し、2を焼き、塩、粗びき黒こしょうをふる。
4. 1にマヨネーズを塗り、レタス、3をのせて、粉チーズをふってはさむ。

ドッグパン&バゲット&ベーグルサンド

キャベツ&ソーセージ
(5分 / 379kcal)

●材料(1回分)
ドッグパン1個、ウインナーソーセージ小3本、キャベツ1枚、サラダ油小さじ1、塩・こしょう各少々、トマトケチャップ・マスタード各適量

●作り方
1 ドッグパンに切り込みを入れる。
2 キャベツは1cm幅に切る。フライパンにサラダ油を熱し、キャベツ、ソーセージを軽く炒め、塩、こしょうをふる。
3 1に2をはさみ、トマトケチャップ、マスタードを絞る。

えび&アスパラ&卵
(10分 / 310kcal)

●材料(1回分)
ドッグパン1個、グリーンアスパラガス1本、むきえび3尾、ゆで卵1個、A[マヨネーズ大さじ½、粒マスタード小さじ1、塩・粗びき黒こしょう各少々]

●作り方
1 ドッグパンに切り込みを入れる。
2 グリーンアスパラガスは斜め切りにし、むきえびといっしょに塩ゆでにする。
3 ゆで卵は粗みじん切りにして、2、Aと混ぜて、1にはさむ。

焼きさば
(20分 / 514kcal)

●材料(1回分)
バゲット¼本(10cm)、バター10g、さば1切れ、塩少々、オリーブ油小さじ1、サニーレタス1枚、玉ねぎ(薄切り)⅛個分、トマト(輪切り)1枚、マヨネーズ適量

●作り方
1 バゲットに切り込みを入れて、バターを塗る。
2 さばに塩をふって水けが出たら拭く。フライパンにオリーブ油を熱して、中火で皮目から両面をこんがりと焼く。
3 1にちぎったサニーレタス、玉ねぎ、トマト、2をのせ、マヨネーズをかけてはさむ。

にんじん&レーズン
(3分 / 453kcal)

●材料(1回分)
バゲット¼本(10cm)、にんじんとレーズンのサラダ(➡P76)2回分、バター10g、ベビーリーフ適量

●作り方
1 バゲットに切り込みを入れて、バターを塗る。
2 1にサラダ、ベビーリーフをはさむ。

カプレーゼ
(5分 / 446kcal)

●材料(1回分)
ベーグル(プレーン)1個、ミニトマト4個、モッツァレラチーズ小4個、バジルの葉適量、A[オリーブ油小さじ1、くるみ(刻む)2g、バジルの葉(みじん切り)2枚分、塩・粗びき黒こしょう各少々]

●作り方
1 ベーグルは半分に切って軽く焼く。
2 1にバジルの葉、ミニトマト、モッツァレラチーズをのせ、Aをかけてはさむ。

ゆで豚&りんご
(10分 / 374kcal)

●材料(1回分)
ベーグル(プレーン)1個、マヨネーズ適量、レタス1枚、豚もも薄切り肉2枚、塩少々、りんご⅛個、レモン汁少々、バルサミコ酢大さじ4

●作り方
1 ベーグルは半分に切って軽く焼き、マヨネーズを塗ってレタスをのせる。
2 豚もも薄切り肉は塩ゆでし、半分に切る。
3 りんごは皮つきのままよく洗い、薄切りにしてレモン汁をかける。
4 1に2、3をのせ、少し煮詰めたバルサミコ酢をかけてはさむ。

材料別 おかずさくいん

■マークの説明

- **アレンジ** メインおかずをアレンジした料理
- **10分弁当** 主食を含む10分で作る弁当
- **スープジャー弁当** スープジャーで作る弁当

肉

●鶏肉

- **スープジャー弁当** サムゲタン風おかゆ ……… 166
- スナップえんどうとささみのごまサラダ ……… 106
- チキンカツ ……… 66
- 鶏天 ……… 28
- 鶏肉のから揚げ ……… 22
  - **アレンジ** チキン南蛮 ……… 23
  - **アレンジ** ヤンニョムチキン ……… 23
  - **アレンジ** 酢鶏 ……… 23
  - **アレンジ** 梅しそかつおから揚げ ……… 23
- **10分弁当** 鶏肉の中華炒め弁当 ……… 147
- 鶏肉の照り焼き ……… 18
- 鶏肉のBBQ照り焼き ……… 21
- 鶏肉のみそしょうが焼き ……… 43
- 鶏ハム ……… 24
  - **アレンジ** 鶏ハムのピカタ ……… 26
  - **アレンジ** 鶏ハムのハニーマスタードベーグル ……… 26
  - **アレンジ** 鶏ハムの香草パン粉焼き ……… 27
  - **アレンジ** 鶏ハムのカオマンガイ ……… 27
- パプリカとささみのカシューナッツ炒め ……… 84

●豚肉

- えのきの梅しそ肉巻き ……… 49
- ごぼうと豚肉のさっと煮 ……… 125
- コロッケ風フライ ……… 66
- こんにゃくの豚肉巻き ……… 132
- じゃがマヨカレー肉巻き ……… 48
- 玉ねぎの豚巻きカツ ……… 117
- ちぎりキャベツの回鍋肉 ……… 45
- 八宝菜風炒め物 ……… 120
- 豚こまともやしの炒め物 ……… 44
- 豚こまの中華照り焼き ……… 20
- 豚肉と長ねぎの焼き鳥風 ……… 45
- 豚肉の青じそ漬け焼き ……… 62
- 豚肉の梅しょうが焼き ……… 43
- 豚肉のケチャップ炒め ……… 45
- 豚肉のしょうが焼き ……… 42
- 豚肉のピリ辛漬け焼き ……… 62
- 豚れんこんの辛子天 ……… 29
- **10分弁当** ポークチャップ弁当 ……… 146
- ゆで豚 ……… 40
  - **アレンジ** ゆで豚の角煮風 ……… 41
  - **アレンジ** ゆで豚のバンバンジー風 ……… 41
  - **アレンジ** ゆで豚のトンテキ ……… 41

●牛肉

- 厚揚げの肉巻き ……… 49
- 牛肉とごぼうのしぐれ煮 ……… 50
  - **アレンジ** 牛肉のいなり焼き ……… 51
  - **アレンジ** 牛肉の柳川風 ……… 51
  - **アレンジ** 速攻牛丼 ……… 51
  - **アレンジ** 牛肉の七味マヨ焼き ……… 51
- しらたきのチャプチェ ……… 133
- **10分弁当** すき焼き風弁当 ……… 147
- パプリカチーズ肉巻き ……… 48
- 焼き肉 ……… 52
  - **アレンジ** クイックハッシュドビーフ ……… 54
  - **アレンジ** 焼き肉のサテソース ……… 54
  - **アレンジ** 焼き肉のサルサ仕立て ……… 55
  - **アレンジ** キムパ ……… 55
- 野菜の肉巻き ……… 46

●ひき肉

- お好み焼き風そぼろ ……… 39
- カレーグリーンピースそぼろ ……… 39
- スコッチエッグ ……… 33
- 中華風高菜そぼろ ……… 39
- つくねのスープ煮 ……… 34
  - **アレンジ** お好みつくね ……… 36
  - **アレンジ** つくねの田楽 ……… 36
  - **アレンジ** つくねの和風ロコモコ ……… 37
  - **アレンジ** つくねのチーズのり巻き ……… 37
- トマトイタリアンそぼろ ……… 39
- 煮込みハンバーグ風 ……… 33
- **10分弁当** 2色そぼろ弁当 ……… 153
- ハンバーグ ……… 30
- ピーマンのシュウマイ ……… 102
- マーボーなす ……… 82
- ミートローフ ……… 32
- れんこんのそぼろ炒め ……… 38
- ロールキャベツ ……… 32
- **10分弁当** 野菜キーマカレー弁当 ……… 149

●肉加工品

- アスパラとソーセージの粒マスタード炒め ……… 98
- 厚揚げのベーコン巻き ……… 87
- かぼちゃのコンビーフバター ……… 89
- じゃがいもとハムのガレット ……… 114
- ソーセージ入りザワークラウト ……… 93
- ハムカツ ……… 67
- ブロッコリーのハムブーケ ……… 87
- **スープジャー弁当** ポトフ風スープ ……… 164
- もやしとベーコンのチヂミ ……… 119

魚介類

●鮭

- 鮭のオイル焼き ……… 56
  - **アレンジ** 鮭のちゃんちゃん焼き ……… 58
  - **アレンジ** 鮭の南蛮漬け ……… 58
  - **アレンジ** 鮭のコーン焼き ……… 59
  - **アレンジ** 鮭のレモンムニエル ……… 59
- 鮭のオニオン漬け焼き ……… 63

●めかじき

- かじきのカレー天 ……… 29
- かじきの漬け焼き ……… 60
- **10分弁当** かじきのみそ焼き弁当 ……… 151

●その他の魚

- かつおのピリ辛しょうが焼き ……… 43
- さわらのレモン漬け焼き ……… 63
- たらの磯辺揚げ ……… 29
- ぶりのしょうが照り焼き ……… 20

●えび

- アスパラとえびの塩炒め ……… 99
- えびカツ ……… 67

10分弁当	えび玉塩あんかけ弁当・151

えびと三つ葉のかき揚げ・・・・・・・ 29
えびのケチャップ照り焼き・・・・・・ 21
えびフライ・・・・・・・・・・・・・・・・・・・・ 64
セロリとえびのナンプラー炒め・109
ブロッコリーとえびのデリ風サラダ・101
ミニトマトとえびのマリネ・・・・・・ 81

魚介加工品

●ちくわ
オクラちくわ・・・・・・・・・・・・・・・・ 103
キャベツとちくわのわさびマヨあえ
・・・・・・・・・・・・・・・・・・・・・・・・・・・・ 94
パプリカとちくわのきんぴら・・・ 84
わかめとちくわのごま酢あえ・・137

●かに風味かまぼこ
かにかまのイタリアンサラダ・・・ 86
かに玉オムレツ・・・・・・・・・・・・・・ 86
キャベツとかにかまのコールスロー
・・・・・・・・・・・・・・・・・・・・・・・・・・・・ 92
キャベツとかにかまのレモンあえ・95

●桜えび
小松菜と桜えびの炒め物・・・・・・ 97
ズッキーニと桜えびのジョン・・104

●ちりめんじゃこ
じゃこ入り切り干し大根・・・・・・135
玉ねぎとじゃこの炒め物・・・・・・117

●その他の加工品
キャベツとさつま揚げの煮びたし・94
ゴーヤとツナのオムレツピカタ・105
コーンとはんぺんのマヨ焼き・・ 91

10分弁当	シーフードきのこクリーム弁当・150

にんじんのたらこ炒め・・・・・・・・ 78

野菜

●オクラ
オクラちくわ・・・・・・・・・・・・・・・・ 103
オクラのだしびたし・・・・・・・・・・103

●かぼちゃ
かぼちゃとチーズのサラダ・・・・ 88
かぼちゃとれんこんのカレー風味・89
かぼちゃのコンビーフバター・・ 89
かぼちゃのレモン煮・・・・・・・・・・ 88
パプリカとかぼちゃの揚げびたし・85

●キャベツ
カレーコールスロー・・・・・・・・・・ 92
キャベツとかにかまのコールスロー
・・・・・・・・・・・・・・・・・・・・・・・・・・・・ 92
キャベツとかにかまのレモンあえ・95
キャベツとさつま揚げの煮びたし・94
キャベツとちくわのわさびマヨあえ
・・・・・・・・・・・・・・・・・・・・・・・・・・・・ 94
キャベツの塩昆布あえ・・・・・・・・ 93
キャベツの博多漬け・・・・・・・・・・ 95
ソーセージ入りザワークラウト・93
ちぎりキャベツの回鍋肉・・・・・・ 45
紫キャベツのコールスロー・・・・ 92
和風コールスロー・・・・・・・・・・・・ 92

●きゅうり
かにかまのイタリアンサラダ・・・ 86

●グリーンアスパラガス
アスパラとえびの塩炒め・・・・・・ 99
アスパラとセロリの梅おかかあえ・99
アスパラとソーセージの粒マスタード
炒め・・・・・・・・・・・・・・・・・・・・・・・・ 98
アスパラのキッシュ・・・・・・・・・・ 73
アスパラの昆布漬け・・・・・・・・・・ 98
タルタルサラダ・・・・・・・・・・・・・・ 74

●グリーンピース
カレーグリーンピースそぼろ・・ 39

●ゴーヤ
ゴーヤとツナのオムレツピカタ・105
ゴーヤのおかかあえ・・・・・・・・・・105

●ごぼう
韓国風きんぴら・・・・・・・・・・・・・・124
牛肉とごぼうのしぐれ煮・・・・・・ 50
きんぴらごぼう・・・・・・・・・・・・・・124
ごぼうと豚肉のさっと煮・・・・・・125
ごぼうのペペロンチーノ・・・・・・125
にんじんとごぼうの炒り鶏・・・・ 79
のり塩きんぴら・・・・・・・・・・・・・・124
バルサミコきんぴら・・・・・・・・・・124

●小松菜
小松菜と桜えびの炒め物・・・・・・ 97
小松菜の辛子あえ・・・・・・・・・・・・ 97

●さやいんげん
きのこといんげんのオイスター炒め
・・・・・・・・・・・・・・・・・・・・・・・・・・・131
さやいんげんと春雨の中華煮・・108
さやいんげんのごまあえ・・・・・・108
じゃがいもといんげんのツナあえ
・・・・・・・・・・・・・・・・・・・・・・・・・・・113
ミックスビーンズといんげんのサラダ
・・・・・・・・・・・・・・・・・・・・・・・・・・・141

●ししとう
豆腐としんとうの照り焼き・・・・138

●ズッキーニ
ズッキーニと桜えびのジョン・・104
ズッキーニとにんじんの甘辛炒め・104
大豆とズッキーニのトマト煮・・140
ミニトマトのラタトゥイユ・・・・ 80

●スナップえんどう
スナップえんどうとささみの
ごまサラダ・・・・・・・・・・・・・・・・106
スナップえんどうとにんじんのきんぴら
・・・・・・・・・・・・・・・・・・・・・・・・・・・106
にんじんとスナップえんどうのグラッセ
・・・・・・・・・・・・・・・・・・・・・・・・・・・ 78

●セロリ
アスパラとセロリの梅おかかあえ・99
じゃがいもとセロリのせん切りマリネ
・・・・・・・・・・・・・・・・・・・・・・・・・・・115
セロリとえびのナンプラー炒め・109
セロリの浅漬け・・・・・・・・・・・・・・109

●大根
コンソメ大根・・・・・・・・・・・・・・・・122
大根とたくあんのあえ物・・・・・・123
大根のしょうが焼き・・・・・・・・・・123
大根の千枚漬け風・・・・・・・・・・・・122

●玉ねぎ
赤玉ねぎのピクルス・・・・・・・・・・110
そら豆と玉ねぎのマリネ・・・・・・107
玉ねぎとじゃこの炒め物・・・・・・117
玉ねぎのカレーマリネ・・・・・・・・116
玉ねぎの豚巻きカツ・・・・・・・・・・117
玉ねぎのゆずこしょう焼き・・・・116
ひじきと玉ねぎの甘酢サラダ・・134

●とうもろこし
コーンとはんぺんのマヨ焼き・・ 91
コーンのお焼き・・・・・・・・・・・・・・ 91
鮭のコーン焼き・・・・・・・・・・・・・・ 59
にんじんとコーンのきんぴら・・ 77
ほうれん草とコーンのコンソメバター
炒め・・・・・・・・・・・・・・・・・・・・・・・・ 96

●長ねぎ
ねぎとわかめのしょうが炒め・・128
豚肉と長ねぎの焼き鳥風・・・・・・ 45
焼きねぎのマリネ・・・・・・・・・・・・128

●なす
なすとパプリカのみそ炒め・・・・ 83
なすの辛子あえ・・・・・・・・・・・・・・ 82
マーボーなす・・・・・・・・・・・・・・・・ 82
焼きなすの香味漬け・・・・・・・・・・ 83

173

● にんじん
ズッキーニとにんじんの甘辛炒め
………………………………… 104
スナップえんどうとにんじんのきんぴら
………………………………… 106
にんじんとくるみのサラダ ……… 79
にんじんとコーンのきんぴら …… 77
にんじんとごぼうの炒り鶏 ……… 79
にんじんとスナップえんどうの
　グラッセ …………………………… 78
にんじんとひじきの炒め煮 ……… 76
にんじんとレーズンのサラダ …… 76
にんじんとれんこんのすっぱ炒め … 77
にんじんのたらこ炒め …………… 78
野菜の肉巻き ……………………… 46
● 白菜
白菜とわかめのあえ物 …………… 120
白菜のコールスロー ……………… 121
八宝菜風炒め物 …………………… 120
ラーパーツァイ …………………… 121
● パプリカ
昆布とパプリカのめんつゆ漬け … 136
なすとパプリカのみそ炒め ……… 83
パプリカチーズ肉巻き …………… 48
パプリカとかぶのピクルス ……… 110
パプリカとかぼちゃの揚げびたし … 85
パプリカとささみのカシューナッツ
　炒め ……………………………… 84
パプリカとちくわのきんぴら …… 84
パプリカとひよこ豆のマリネ …… 85
野菜入りひじき煮 ………………… 134
● ピーマン
ピーマンといかのラー油あえ …… 102
ピーマンのシュウマイ …………… 102
ピーマンのファルシ ……………… 75
もやしとピーマンのレンジ蒸し … 118
● ブロッコリー
ブロッコリーとえびのデリ風サラダ
………………………………… 101
ブロッコリーのくるみあえ ……… 101
ブロッコリーの塩昆布あえ ……… 100
ブロッコリーののりドレあえ …… 100
ブロッコリーのハムブーケ ……… 87
● ほうれん草
ほうれん草とコーンのコンソメバター
　炒め ……………………………… 96
ほうれん草の梅あえ ……………… 96
● ミニトマト
うずらの卵とミニトマトのゆかり酢 … 75

ミニトマトとえびのマリネ ……… 81
ミニトマトと切り干し大根のサラダ … 80
ミニトマトとさやえんどうのおひたし
………………………………… 81
ミニトマトのラタトゥイユ ……… 80
● みょうが
みょうがのピクルス ……………… 110
● もやし
豚こまともやしの炒め物 ………… 44
豆もやしのヤムウンセン ………… 119
もやしとピーマンのレンジ蒸し … 118
もやしとベーコンのチヂミ ……… 119
もやしのナムル …………………… 118
わかめともやしの中華炒め ……… 137
● れんこん
かぼちゃとれんこんのカレー風味 … 89
根菜のトマト煮 …………………… 126
ジャーマンれんこん ……………… 127
たたきれんこんの甘辛炒め ……… 126
にんじんとれんこんのすっぱ炒め … 77
豚れんこんの辛子天 ……………… 29
れんこんと枝豆の明太マヨ ……… 127
れんこんのカレーピクルス ……… 110
れんこんのそぼろ炒め …………… 38

野菜加工品

● たけのこ水煮
自家製メンマ ……………………… 129
たけのこの和風ジェノベーゼ …… 129
● 漬物
大根とたくあんのあえ物 ………… 123
中華風高菜そぼろ ………………… 39
● トマト缶
根菜のトマト煮 …………………… 126
大豆とズッキーニのトマト煮 …… 140
● ミックスベジタブル
豚肉のケチャップ炒め …………… 45

きのこ類

● えのきだけ
えのきの梅しそ肉巻き …………… 49
えのきのカレー風味 ……………… 130
● しいたけ
しいたけのパセリバター焼き …… 131
● きのこいろいろ
きのこといんげんのオイスターソース
　炒め ……………………………… 131

きのこのアヒージョ ……………… 130

いも類

● じゃがいも
コロッケ風フライ ………………… 66
じゃがいもといんげんのツナあえ … 113
じゃがいもとセロリのせん切りマリネ
………………………………… 115
じゃがいもとハムのガレット …… 114
じゃがいものカレー煮 …………… 115
じゃがバタうま煮 ………………… 114
スペイン風オムレツ ……………… 74
チーズ粉ふきいも ………………… 113
デリ風ポテトサラダ ……………… 112
ポテトサラダ ……………………… 112
明太ポテトサラダ ………………… 112
レモンポテトサラダ ……………… 112
● さつまいも
昆布とさつまいもの煮物 ………… 136
さつまいもの塩バター煮 ………… 90
スイートポテト …………………… 142
スティック大学いも ……………… 90
● こんにゃく
こんにゃくの豚肉巻き …………… 132
手綱こんにゃくの煮物 …………… 132
● しらたき
しらたきのたらこ煮 ……………… 133
しらたきのチャプチェ …………… 133
● 冷凍フライドポテト
じゃがマヨカレー肉巻き ………… 48

卵類

● 鶏卵
アスパラのキッシュ ……………… 73
かにかまとねぎの卵焼き ………… 72
かに玉オムレツ …………………… 86
じゃこと青のりの卵焼き ………… 72
スペイン風オムレツ ……………… 74
卵焼き ……………………………… 72
タルタルサラダ …………………… 74
つくねの和風ロコモコ …………… 37
漬け卵 ……………………………… 73
ツナカレー卵焼き ………………… 72
● うずらの卵
うずらの卵とミニトマトのゆかり酢 … 75
スコッチエッグ …………………… 33
ピーマンのファルシ ……………… 75

大豆加工品

●豆腐
豆腐とししとうの照り焼き ……… 138
ひとくち洋風がんも ……………… 138
●厚揚げ
厚揚げの肉巻き ……………………… 49
厚揚げのベーコン巻き ……………… 87
[10分弁当] 肉なしチンジャオ弁当
………………………………………… 149
●油揚げ
小松菜の辛子あえ …………………… 97
●高野豆腐
高野豆腐のコンソメ煮 …………… 139
高野豆腐のフレンチトースト …… 139

豆類

●青大豆
ひたし豆 …………………………… 141
●枝豆
れんこんと枝豆の明太マヨ ……… 127
●そら豆
そら豆と玉ねぎのマリネ ………… 107
そら豆の香味しょうゆ …………… 107
●大豆
しょうがじょうゆ豆 ……………… 140
大豆とズッキーニのトマト煮 …… 140
●ひよこ豆
パプリカとひよこ豆のマリネ ……… 85
●ミックスビーンズ
ミックスビーンズといんげんのサラダ
………………………………………… 141

果実、種実類

●オレンジ
オレンジのミントマリネ ………… 143
●プルーン
プルーンの赤ワイン煮 …………… 143
●マンゴー
マンゴーミルク寒天 ……………… 142
●りんご
りんごの甘煮 ……………………… 143
●レーズン
にんじんとレーズンのサラダ ……… 76
●くるみ
にんじんとくるみのサラダ ………… 79
ブロッコリーのくるみあえ ……… 101

穀類

●ご飯
青のりバターコーンおにぎり …… 156
揚げ玉ねぎおにぎり ……………… 156
梅チーズおにぎり ………………… 155
枝豆と桜えびの混ぜご飯 ………… 157
おかかチーズおにぎり …………… 156
[10分弁当] オムライス弁当 ……… 153
[スープジャー弁当] きのこのチーズリゾット
………………………………………… 167
鮭とわかめの混ぜご飯 …………… 157
スパムとチーズのおにぎらず …… 155
たくあんとじゃこの混ぜご飯 …… 157
[10分弁当] タコライス弁当 ……… 152
[スープジャー弁当] 卵とわかめのおかゆ
………………………………………… 167
チーズオイル混ぜご飯 …………… 157
チャーハン風混ぜご飯 …………… 157
[10分弁当] ツナサラダ弁当 ……… 148
ツナそぼろおにぎり ……………… 155
ナッツと塩昆布の混ぜご飯 ……… 157
野沢菜ベーコンおにぎり ………… 155
ピリ辛サラダおにぎり …………… 156
明太しそマヨおにぎり …………… 155
焼きチーズおにぎり ……………… 156
[スープジャー弁当] 野菜のカレーリゾット
………………………………………… 166
ゆかりマヨおにぎり ……………… 156
●うどん
[10分弁当] カレー焼きうどん弁当 … 163
[10分弁当] サラダうどん弁当 …… 163
[10分弁当] ナポリタン弁当 ……… 162
●中華麺
[10分弁当] エスニック焼きそば弁当
………………………………………… 160
[10分弁当] じゃがいも焼きそば弁当
………………………………………… 161
[10分弁当] ツナのレモン焼きそば弁当
………………………………………… 161
●パスタ
[10分弁当] 小松菜のクリームパスタ
　弁当 ……………………………… 158
[スープジャー弁当] ツナとキャベツのコーン
　スープパスタ …………… 165
[10分弁当] トマトとズッキーニのパスタ
　弁当 ……………………………… 159
[10分弁当] ブロッコリーとじゃこの
　和風パスタ弁当 ………… 159

[スープジャー弁当] 野菜のトマトスープ
　パスタ …………………… 165
●パン
えび＆アスパラ＆卵サンド ……… 171
カプレーゼサンド ………………… 171
キャベツ＆ソーセージサンド …… 171
きんぴら＆のりサンド …………… 170
コールスローサンド ……………… 169
鮭＆コンビーフサンド …………… 169
さつまいもあんバターサンド …… 169
チキン＆野菜ソテーサンド ……… 170
チキン南蛮サンド ………………… 170
生ハム＆レタスサンド …………… 169
にんじん＆レーズンサンド ……… 171
ハニーかぼちゃサンド …………… 170
フルーツチーズサンド …………… 170
ふわふわオムレツサンド ………… 169
ポテサラ＆ハムサンド …………… 170
さばサンド ………………………… 171
卵＆きゅうりサンド ……………… 169
ゆで豚＆りんごサンド …………… 171

乾物

●刻み昆布
昆布とさつまいもの煮物 ………… 136
昆布とパプリカのめんつゆ漬け … 136
●切り干し大根
切り干しナポリタン ……………… 135
じゃこ入り切り干し大根 ………… 135
ミニトマトと切り干し大根のサラダ
………………………………………… 80
●春雨
さやいんげんと春雨の中華煮 …… 108
[スープジャー弁当] 春雨キムチスープ … 164
●ひじき
にんじんとひじきの炒め煮 ………… 76
ひじきと玉ねぎの甘酢サラダ …… 134
野菜入りひじき煮 ………………… 134
●わかめ
ねぎとわかめのしょうが炒め …… 128
白菜とわかめのあえ物 …………… 120
わかめとちくわのごま酢あえ …… 137
わかめともやしの中華炒め ……… 137

- ●料理 ────── 原山早織（食のスタジオ）　矢島南弥子
- ●栄養計算 ──── 矢島南弥子
- ●スタイリング ── 栗田美香
- ●撮影 ────── 中川朋和（ミノワスタジオ）　山下千絵
- ●イラスト ──── シュクヤフミコ
- ●デザイン ──── 岡田恵子（ok design）
- ●DTP ────── 株式会社秀文社
- ●校正 ────── 草樹社
- ●編集協力 ──── 高　裕善（食のスタジオ）　森　明美

かんたん！ラクチン！作りおきのお弁当おかず315

2016年3月10日発行　第1版

- ●編　者 ───── 食のスタジオ［しょくのすたじお］
- ●発行者 ───── 若松　和紀
- ●発行所 ───── 株式会社西東社（せいとうしゃ）
  〒113-0034　東京都文京区湯島2-3-13
  営業部：TEL（03）5800-3120　FAX（03）5800-3128
  編集部：TEL（03）5800-3121　FAX（03）5800-3125
  URL：http://www.seitosha.co.jp/

本書の内容の一部あるいは全部を無断でコピー、データファイル化することは、法律で認められた場合をのぞき、著作者及び出版社の権利を侵害することになります。
第三者による電子データ化、電子書籍化はいかなる場合も認められておりません。
落丁・乱丁本は、小社「営業部」宛にご送付ください。送料小社負担にて、お取替えいたします。

ISBN978-4-7916-2335-8